高考热点作家

深度还原考场真题，感受语文阅读题的魅力
一书在手，阅读写作都不愁

北面
山河

杨海蒂／著

 中国出版集团有限公司

 世界图书出版公司
上海　西安　北京　广州

图书在版编目（CIP）数据

北面山河 / 杨海蒂著 . — 上海：上海世界图书
出版公司 , 2024.4
（高考热点作家 / 李继勇主编）
ISBN 978-7-5232-1024-6

Ⅰ . ①北… Ⅱ . ①杨… Ⅲ . ①阅读课—中学—教学参
考资料 Ⅳ . ① G634.333

中国国家版本馆 CIP 数据核字（2024）第 035924 号

书 名	北面山河	
	Beimian Shanhe	
著 者	杨海蒂	
责任编辑	石佳达	
出版发行	上海世界图书出版公司	
地 址	上海市广中路 88 号 9-10 楼	
邮 编	200083	
网 址	http://www.wpcsh.com	
经 销	新华书店	
印 刷	天津市天玺印务有限公司	
开 本	700mm × 1000mm 1/16	
印 张	14	
字 数	174 千字	
版 次	2024 年 4 月第 1 版 2024 年 4 月第 1 次印刷	
书 号	ISBN 978-7-5232-1024-6/G·856	
定 价	39.80 元	

前　言

　　随着语文考试内容的改革，阅读的重要性逐渐凸显出来。近年来阅读题的比重在高考考试中不断加大，阅读内容也越来越丰富，天文、地理、历史、科技等均有涉及；同时，体裁呈现多样化，涵盖散文、戏剧、小说、新闻等。文章涵盖面越来越广，意味着对学生阅读能力的要求越来越高。所以我们应该清晰地认识到，阅读能力的高低直接影响分数，如果阅读能力不过关，那么考试成绩肯定不会理想。

　　"读不懂的文章，做不完的题"一直是中学生面临的难点和困境。这就要求学生不能停留在过去的刷刷考卷、做做练习题，或是阅读一两本课外书的阶段，而是要最大限度地提升阅读能力，理解文章作者和出题人的意图，只有让学生进行大量有针对性的阅读，才是最切实有效的方法。

　　语文知识体系的构建和语文素质的养成，既需要重视课堂学习，又需要重视课外积累。那课外积累应该怎么做呢？高质量的课外阅读是非常有效的，这已经成为提升学生"综合竞争力"的有效手段。因此，我们策划出版了"高考热点作家"课外阅读丛书，为广大中学生提供优质的课外读物。

　　这套系列丛书共8册，每册收录一位作者的作品，选取了该作者入选省级以上高考语文试卷、模拟卷阅读题的经典作品，以及该作者未入选但适合中学生阅读的作品，帮助学生扩大阅读面，对标高考。书中对每篇文章进行了赏析、点评和设题，能够助力学生阅读，有利于提升学生的文学素养、答题能力和答题速度。

本系列丛书收集了在国内高考语文试卷阅读题中经常出现的 8 位"热点作家"高亚平、乔忠延、王剑冰、王必胜、薛林荣、杨献平、杨海蒂、朱鸿的优秀作品。这些"热点作家"入选高考语文试卷阅读题的作品多以散文为主，他们的作品风格多样，内容丰富，但都具有很高的文学价值和浓郁的时代气息。这些作品不仅对中学生阅读鉴赏能力和写作水平的提升有促进作用，还对中学生的生活和学习具有启迪和指导意义，我们相信这套丛书会受到广大师生的喜爱和欢迎。

新高考背景下的语文学习，阅读要放在首要位置。事实上，今后的高考所有学科都会体现对语文水平的考查。不仅是语文试卷增加了阅读题的分量，其他学科也越来越注重对学生阅读理解能力的考查。提升阅读能力是一项任重道远的工作，重在培养兴趣，难在积累，贵在坚持。只要持之以恒，一定会有意想不到的收获。

目录
CONTENTS

第一辑　走在天地间

黄土地，是这样的雄浑而又多情。

天不语自高，地不语自厚。大哉，陕西；厚哉，陕北；伟哉，延安！

【2017—2018 学年河北省衡水市安平中学高三（上）第一次月考语文试卷】
阅读下面的文字，完成下列小题。（9分）

文学是人类感恩自然的最佳途径

①人类在征服世界的征途中，渐渐地失去了自己的灵魂。尤其现代社会，红尘滚滚，人心浮躁，我们若想与喧嚣都市抗衡，也许最佳选择就是投入到自然中去，享受星辰、山河、森林、海洋，让生命从中获得身心滋养，获得真正的愉悦与幸福；而我们从自然中领受到的身心感悟，一旦化为文字，就成了自然文学。

②中国人讲求顺应自然，强调天人合一，将美好的品质赋予自然，比如山水、树木、花草、虫鸟；古人写文章，大多写山水、游记，即使当今的散文写作领域，游记文章也占了相当大的比例。事实上，中国文化历来注重探究人与自然的关系。欧美几十年前也兴起了写山水、荒原、旷野，即写大自然的热潮，名之为"自然主义写作"，也就是自然文学。

③所谓自然文学，从内容上看，主要思索的是人类与自然的关系；从形式上说，当代的自然文学，主要包括环境文学和生态文学。

④河山信美，但要以文学手法来表现好她，无论散文、诗歌、小说，都需要真诚深切的心灵，要具有大情怀。"非有大情怀，即无大艺术"，人应该有所敬畏，首先要敬畏大自然。以前，山青水绿，海晏河清，正是大自然对敬畏天地的人类的回报；现在，人们乱砍滥伐，破坏生态，自然灾害到处频发，也正是大自然对胡作非为的人类的惩罚。

⑤在大自然面前，人类太渺小。

⑥中国古代文人大多纵身、纵情山水，因为其精神家园是山水。对他们来说，在大自然中超脱现实、圆融身心，能使生命更快乐，人生也更有意义和价值。的确，当人回归自然，灵魂就会与宇宙相通。

⑦人要与自然和谐共处，就要善待我们赖以生存的土地。无论在哪个民族的心目中，土地都至尊至荣。"土能生万物，地可载山川"，人类的一切，都由土地养育和承载。在古代中国，土地就代表社稷，皇城里必建有社稷坛，用五色土拼成，皇帝每年都要祭坛拜土。从世界范围来说，只有维护好所有的土地山河，才能保持全人类的健康。

⑧然而，人们往往难以实现这样的梦想，于是产生了园林。园林是传统中国文化中的一种艺术形式，通过地形、山水、建筑群、花木等载体，衬托出人类的心灵寄托和精神文化。

⑨正是大自然的千姿百态，成就了自然文学。乡村、田园、草原、丛林、江河、海洋、旷野、荒原……游记作者笔迹所在，往往就是其足迹所至。我想，在自然文学作者看来，从自然中得到的精神享受，一定远比物质享受更为愉悦和幸福。我们的亲身体验，能唤起人们更加热爱壮丽山河；我们的美好感受，能激励人们更加追求精神享受；我们的妙笔生花，能吸引人们更多地热爱文学尤其自然文学。

⑩文章，人心之山水；山水，天地之文章。"山水无文难成景，风光着墨方有情"，一语道尽自然与文学的关系。

（选自《中国文化报》，有删节）

1. 下列各项中，对"自然文学"的相关表述不正确的一项是（　　）（3分）

A. "自然文学"的内容是人们从自然中领受到的身心感悟，这些感悟包括人们在享受自然中获得的身心滋养、愉悦与幸福。

B. "自然文学"无论是在古代还是在当今，其主要内容都是山水、游记，因为中国文化历来注重探究人与自然的关系。

C. "自然文学"在欧美也叫"自然主义写作"，其写作对象是山水、荒原、旷野，这和中国的山水、游记的写作对象是一致的。

D. "自然文学"的内容主要是对人类与自然关系的思索，在当代其主要表现形式是环境文学和生态文学。

2. 下列理解和分析，不符合原文意思的一项是（　　）（3分）

A. 现代社会，人心浮躁，我们若想与喧嚣都市抗衡，就要投入到自然中去，因为从自然中得到的精神享受，才是真正的愉悦与享受。

B. 大自然对人是公正的，你对它敬畏，就会山青水绿，河清海晏；你对它胡作非为，就会灾害频发，让人类受到惩罚。

C. 古代皇城里必建有社稷坛，皇帝每年都要祭坛拜土，这体现了对土地的善待，实际上只有维护好所有的土地山河，才能保持全人类的健康。

D. 园林是传统中国文化中以地形、山水、建筑群、花木等为载体，衬托出人类要与自然和谐相处的心灵寄托和精神文化艺术形式。

3. 根据原文内容，下列理解和分析不正确的一项是（　　）（3分）

A. 无论散文、诗歌、小说，更想表现好河山信美都需要真诚深切的心灵，要具有大情怀，都要以敬畏大自然为前提。

B. 在大自然面前，人类是渺小的，当人回归自然，灵魂与宇宙相通，从中寻找到生命的快乐，人也就变得伟大了。

C. "自然文学"写作者的亲身体验、美好的感受，这能唤起人们更加热爱壮丽山河，能激励人们更加追求精神享受。

D. 正是大自然的千姿百态，成就了自然文学，游记作者笔迹所在，往往就是其足迹所至，正是"山水无文难成景，风光着墨方有情"。

走在天地间

在这篇文章中，作者细致描写了陕西这个地方。"往历史的纵深处看去，陕西，是中国最为壮丽辉煌的地方"是这篇散文的核心意旨。作者提到，炎黄、后稷、仓颉、周文王、周武王、秦始皇、汉武帝、司马迁、隋文帝、唐高祖、唐太宗……这些知名人物或生长或建树在这片土地上，改变了我国历史的进程。作者行走在陕北更像是去朝圣，她写道："延安，是我青春岁月的心灵图腾；延安，是我仰之弥高的精神高地。""仰望宝塔山，眺望着太阳从地平线上升起，我血液沸腾心灵战栗。"读着滚烫如岩浆的文字，不由使人陡然升腾起万丈豪情，一股股难以遏制的情感激荡着人的心灵。这便应和了先哲"文以气为主"的理念，文字荡气回肠，令人无比感叹。

① 作者开门见山，点明文章主旨，激发读者的阅读兴趣。

② 本段详细介绍了出生在陕西或在陕西取得成就的众多历史人物，说明陕西这片土地的不同凡响，它承载了中华文明的辉煌历史。

① 往历史的纵深处看去，陕西，是中国最为壮丽辉煌的地方。

古老陕西，横跨黄河、长江两大流域，以秦岭—淮河一线划分国土南北。省会西安，是世界四大古都之一，是丝绸之路的起点，是中国经纬度基准点大地原点，是北京时间国家授时中心所在地。

② 陕西是中华民族的摇篮、华夏文明的发祥地，传说中的"三皇"、人文初祖炎黄二帝、农耕文明始祖后稷、"造字圣人"文祖仓颉、创建礼制的周文王、分封天下的周武王、统一中国的秦始皇、君临天下的汉武帝、写出"史家之绝唱"的司马迁、开创"盛世之国"的隋文帝、扫除群雄的唐高祖、文韬武略的唐太宗……这些彪炳史册、灿古耀今的人杰，都生长或建树于这片土地。

陕西，神于天，圣于地。

而"天之高焉，地之古焉，惟陕之北"。

是斯诺的《西行漫记》(《红星照耀中国》)，让我这个江南女子，早在少年时期，心灵就深深地为陕北震撼。

那是一片理想主义的天空，那是一片英豪辈出的土地。

黄土地，就是陕北人的生命舞台。

陈胜、吴广、李自成、张献忠……多少英雄豪杰，曾在这片土地上大展雄才、一抒伟略，但都以失败告终；而红军在陕北，以两万兵敌国民党二十八万大军，成为世界战争史上的奇迹。

山河之固，在德不在险。

延安，是我青春岁月的心灵图腾；延安，是我仰之弥高的精神高地。延安窑洞的灯火，在我心中光焰万丈；枣园、凤凰山、杨家岭、王家坪、瓦窑堡、南泥湾，都是早已深入我灵魂的名称。

终于，我踏上了这片伟大神奇的土地，踏访着革命先辈的奋斗足迹，来到了陕北，来到了延安——朝圣。

仰望宝塔山，眺望着太阳从地平线上升起，我血液沸腾心灵战栗。

在这里，信仰、理想、激情再度凝聚，让我重新得力，如获新生。

延河奔流不息，像亘古的诉说，诠释着延安的前世今生。

如果不是参加"亚洲作家走进延长"采风活动，我可能至今还不知道：革命圣地延安，也是中国石油工业的发祥地；新中国摇篮延安，也是中国石油工业的摇篮。

百年延长，源远流长。

①早在北宋年间，科学家沈括在赴任延安府太守途中，在延河边发现了石油，将其记载于《梦溪笔谈》，并预言"此物后必大行于世"。

"苦焦"（陕北方言）的黄土地下，却蕴藏着丰厚的液体黑金，这是天地的秘密，是天地包藏之妙。

石油，是现代工业的血液，是现代工业的象征。腐败无能的清末政府也深谙此理，于是，在延安设立延长石油官厂，钻成中国陆上第一口油井，结束了中国大陆不产石油的历史，填补了中国民族工业的一项空白，使延长石油成为中国石油之祖。随后，延长石油生产出与"洋油"媲美的灯油，开创了中国石油加工的历史先河。

❶ 此处引用沈括《梦溪笔谈》中对石油的预言，引出下文对陕西石油开采的描述以及其对中华人民共和国发展举足轻重的作用。

7

延长石油，就是黄土地上的脉搏。

刘志丹解放了延长石油官厂，让石油回到人民的手中，在"一滴汽油一滴血"的抗日战争和解放战争时期，延长石油有力地支持了中国红色革命，被誉为"功勋油矿"。1944年，毛泽东为时任延长石油厂厂长、陕甘宁边区特等劳模陈振夏亲笔题词"埋头苦干"，激励着一代代延长石油儿女脚踏实地奋勇前行。

埋头苦干，成为延安精神的原生组成部分，成为中国共产党重要的精神财富。

苏联作家阿·托尔斯泰在他的《苦难的历程》中写道：岁月会消失，战争会停息，革命也会沉寂下去。

是的。革命，不就是为了人民过上安康幸福的生活？

在延安精神的光辉照耀下，一代又一代陕北人，仰天俯地，埋头苦干，从贫穷走向富裕，从现在走向未来。

延安精神，薪火相传。

从延安走出来的诗人阎安说："陕北的现代性觉醒与发生在这块土地上的两大历史事件密切相关，一个是延安时期，一个是'文革'后期知青来延安插队。"

我以为，对于长久"文必秦汉，诗必盛唐"的炎黄子孙来说，这个"现代性觉醒"，更多指文化觉醒。

❶ 本段列举了描写延安的歌曲、戏剧、文艺作品，可见在延安这片土地上，不仅有丰富的石油资源，还有众多璀璨夺目的文化佳作。

① 延安时期诗人光未然与音乐家冼星海的珠联璧合之作《黄河大合唱》，"奔向延安的少年"贺敬之历久弥新的经典戏剧《白毛女》、荡气回肠的诗歌《回延安》，延安插队知青路遥的《人生》《平凡的世界》、史铁生《我的遥远的清平湾》，这些与延安有关的文艺作品，持久不衰地散发着思想和人性的光芒。

文化，也是一个民族的灵魂。

走进陕北，天空高远、湛蓝、透亮，没有一丝杂质，甚至没有一片白云。大地辽阔静谧，沟壑莽莽苍苍，石油管道排排行行。明亮的阳光，如水一般泼洒在无边无际的原野上。走在天地之间，有热辣辣的信天游陡然从原上响起，声音高亢、拔地通天、如泣如诉，让离开歌厅仿佛就不能唱歌的我们如痴如醉。

一个脸上布满沟壑的老汉，坐在自家土窑洞前，怡然安详地微笑着注视我们。

黄土地，是这样的雄浑而又多情。

① 天不语自高，地不语自厚。大哉，陕西；厚哉，陕北；伟哉，延安！

❶ 结尾照应开头，盛赞陕西这片土地。

延伸思考

1. 作者眼中的陕西有哪些特点，结合文章概述。

_____

_____

2. 第六段提到斯诺的《西行漫记》有什么作用？

_____

_____

汉之玉

名师导读

　　从古至今、从上至下许多人痴迷、追捧玉，本文以对玉追捧的原因做主线。起初因为玉是财富和地位的象征，只有帝王可以佩戴。接着玉成了国家的礼器，古代先贤把玉与美好的东西联系在一起。后来玉被赋予了"通灵"和"美容养颜"的特殊功效，使追捧者倍增。再加上佛教文化在我国影响深远，佛教把玉美化成"大地舍利子""灵石"，所以人们逐渐形成了尊玉、爱玉的心理。文中作者借人们追玉、爱玉表达中华儿女对美好幸福生活的追求。

　　玉，珠宝之首，在世界各地广受推崇，尤其在中国。

　　玉极坚硬，却又温润，是故孔圣人对玉推崇备至，"君子比德于玉焉"。管子说玉有九德，荀子说玉有七德，许慎说玉有五德，象征"仁、义、智、勇、洁"，因而，"君子必佩玉""言念君子，温其如玉，故君子贵之也""君子无故，玉不去身""宁为玉碎，不为瓦全"，以玉比人喻事，以玉寄托高洁理想，意在提醒自己牢记玉的品德，务必守身如玉般修身养性。

①在圣贤们抬爱下，在君子们厚爱下，玉在中华民族传统文化中独树一帜，寓意"美好、高贵、吉祥、柔和、安谧"，是故，无论赞扬人之美貌、美德或其他事物之美，总是用玉来作比：玉容、玉姿、玉言、玉声、玉手、玉臂、玉腿、玉肌、玉照、玉泉，琼浆玉液、琼楼玉宇、如花似玉、亭亭玉立、金枝玉叶、珠圆玉润、软玉温香、玉色瑷姿、美如冠玉、芝兰玉树、冰清玉洁、浑金璞玉、金科玉律、珠玉在前、玉成好事……不胜枚举。称三界的最高统治者为玉皇大帝，简直就是登峰造极了。玉，激发了人们无限的想象力和表现力。

想起一则文坛趣闻。当代著名画家、作家黄永玉本名黄永裕，最初发表作品时用的是本名。他的表叔沈从文建议他改笔名为黄永玉，沈文豪说："永裕不过是小康富裕，适合于一个布店老板而已，永玉则永远光泽明透。"他接受表叔建议，从此，"黄永玉"名扬天下。②唉，早知道"玉"对扬名立万影响力这么大，我当初取个笔名叫杨玉嬛该多好。

无端地又想起《诗经》里的《斯干》篇章："……乃生男子，载寝之床。载衣之裳，载弄之璋。其泣喤喤，朱芾斯皇，室家君王。乃生女子，载寝之地。载衣之裼，载弄之瓦。无非无仪，唯酒食是议，无父母诒罹。"翻译成现代文，大意就是："……若是宝贝公子生下来，让他睡到檀木雕的大床上，让他随意穿那漂亮衣裳，淘来精美的玉圭给他玩耍，你看他的哭声是多么嘹亮，将来定会大红蔽膝穿身上，成为我周室的君主或侯王。若是千金女儿生下来，让她睡到屋脚地边，小小的襁褓给她往身上穿，找来陶制的纺锤让她把玩，但愿她

❶ 此处运用列举的手法把玉和中华文化的融合写得生动形象。玉激发了人们无限的想象力和表现力，经过千百年的不断演化积累，成就了中华独特的"玉"文化。

❷ 诙谐幽默的自我调侃让人忍俊不禁。给文章增加了灵动风趣。并且此处的"嬛"不是杨玉环的"环"，更是耐人寻味。

❶ 此处对比修辞手法的运用写出了千百年男尊女卑的深刻影响，使人们重男轻女的思想根深蒂固，我庆幸自己生在了这个"男女平等"的时代。

不招是惹非、不怪异，每天循规蹈矩围着锅台转，通情达理不给父母惹麻烦。"① 赠男孩玉圭，勉励他将来成君成王；给女孩纺锤，让她将来当好家庭主妇，古代男尊女卑到如此地步，让我庆幸自己幸而生在了男女平等的时代。

神、人、鬼之间，有着说不清道不明的爱恨情仇，因为玉富灵性，人们相信，在身上挂块玉牌或戴件玉饰，就可以与神灵相通。玉之所以能够为"宝"，关键就在于"通灵"。所以，玉不仅是王公贵胄生前炫耀身份地位的专享品，也是他们死后的陪葬品。但也不是谁想用玉陪葬谁就可以做到的，即便君王，倘若无德，死后亦不可陪葬玉器。这是因为在长期的历史进程中，国人形成了根深蒂固的全民尊玉、爱玉的民族心理，玉的神化和灵物概念、特殊权力观点，皆植根于此。

佛教雅称玉为"大地舍利子"，认为玉是具有祛邪避凶法力的灵石。佛家对玉如此崇尚，于是，人们更加认定玉之灵性不仅能辟邪、镇宅，还能给人带来难以言传的喜瑞、吉祥。对于男女爱情来说，玉也有剪不断理还乱的情愫，华夏玉道，通神达俗，君威国祚玉为鉴，男欢女爱玉作证。男女传情达意，"何以赠之，琼瑰玉佩"。

❷ 此处引用帝王、嫔妃对玉的痴爱更显玉的重要意义。而古人认为玉能美容养颜，得到帝王妃嫔以及闺阁女子的喜爱，可见自古至今爱美之心人皆有之。

② 历史上，宫闱中，帝王、嫔妃养生美容离不开玉，著名传说有：武则天玉粉养颜、宋徽宗嗜玉成癖、慈禧持玉拂面、乾隆香妃因佩戴金香玉而浑身香气迷人……最著名的传说，当属杨贵妃的桥段：杨氏衔玉而生，得名"玉环"，及至"杨家有女初长成"，因"姿质丰艳"为唐玄宗垂涎，当皇上的哪会管什么伦理道德，

儿媳妇杨玉环被"一朝选在君王侧"，成为集万千宠爱于一身的杨贵妃，杨贵妃体胖怕热，玄宗便赏以玉鱼，让其含于口中以解暑。得宠如此，又含玉生津，贵妃更是出落得"回眸一笑百媚生，六宫粉黛无颜色"。真真活色生香。

随着时代变迁，终于，玉这至尊珠宝，早已"旧时王谢堂前燕，飞入寻常百姓家"，人们信奉男无玉不壮、女无玉不美。[1] 佩玉不但美观，玉更是越放越值钱，故而老百姓一旦手有余钱，就会升腾起一种强烈的欲望：买玉。所谓"乱世黄金盛世玉"，所谓"黄金有价玉无价"，说的都是收藏之道。当然也有双管齐下的，"金玉满堂"是达官贵人和平民百姓共同的愿望。

陕西蓝田玉很有名，因为那句"蓝田日暖玉生烟"。其实蓝田玉质地并不很润泽细腻，无非颜色比较丰富。然而，玉不是普通商品，而是文化产品啊，其最大的价值和意义就在于此。几千年来，玉文化对国人的深远影响，是浸入骨子里、灵魂里的。

金香玉远比蓝田玉神秘、名贵。

金香玉貌似质朴无华，因此才有一句俗语"有眼不识金香玉"。金香玉是稀世之宝，太难看到，更难得到，所以"有钱难买金香玉"。不过，古代王公贵族对金香玉早有珍藏，且有诸多记载，最早见于唐肃宗以金香玉赠大臣为其辟邪；清代大才子纪晓岚在其主持编纂的《四库全书》和其所著的《阅微草堂笔记》中，对金香玉不吝笔墨、大加赞美。

古占星学家认为：金香玉是吉祥的象征，拥有者不仅每每能逢凶化吉，还会得到意想不到的好运。

读到过雷抒雁先生大作《贾平凹分香散玉记》，文

13

中提到陕南汉中一老汉，早年间意外拾得一块金香玉，这块金香玉果然帮其躲过了死伤之大劫，为表感恩，他将其一分为四，其一主人即贾平凹（原文：他去汉中采风，听说了这个故事便走访老汉，老汉念他是个作家，也就给了他一块），凹公因为"当今世上只有四个人拥有、只有自己一个人佩戴"而扬扬得意，带到北京嘚瑟。"金香玉，这不是千百年来一直在传说的宝物吗？"几位陕籍京城雅士争相观赏，结果乐极生悲，金香玉跌落，与大理石相撞破碎，碎裂声让贾平凹心如刀绞，①他闭着眼睛喃喃自语："一共六个人，一定是六片……"果然！另五人无不目瞪口呆。贾平凹认为此乃天意，干脆送每人一块，据说此后他时来运转，开始在文坛风生水起，端的是善有善报好人好报。金香玉真是神奇啊。

① 此处对贾平凹摔玉的细节描写赋予金香玉神话色彩，更显其神奇和珍贵。

自金香玉面世以来，人们对它的热爱从未减退，"在古老的陕西汉中，一座幽深的山中，蕴藏着一种会散发出迷人香气的美玉，这就是人们寻觅已久、只见诸史料记载而难得一睹芳容的奇珍玉石——金香玉"，这段神文广泛流传于世，刺激得一些人做梦都在寻觅金香玉。

②汉中，这座"琼台玉宇汉上城"是一座了不起的城市，尤其对汉人来说。汉中是汉朝的起点，汉族从这里诞生；汉中是汉文化发源地，汉语、汉字、汉书、汉学，皆起源于此。汉中还有汉江、汉山，中国以汉中划分南北。汉江，古有"天汉"之美称，来源于《诗经》中"唯天有汉，鉴亦有光"；汉山，是周公祭天的神山，曹操以诗句"周公吐哺，天下归心"歌咏之。土厚水清的汉中，"青山汉水蓄王气"；浩荡着帝王气英雄魂的汉中，自古深山藏美玉，"石韫玉而山辉"。汉代玉

② 此处多运用引用和排比的修辞手法，详细说明了汉中在历史中的重要地位。它是汉朝的起点、是汉文化的发源地、是中国南北的界限……

雕，正是后来历代尤其清王朝宫廷玉器的典范。而今，陕西地矿总公司在汉中，在被联合国认可的"中国千年古县"南郑，在崇山峻岭中的碑坝山，勘探到大储量的汉玉，这真是陕西人民和汉中福地之大幸。

① 汉之玉，从远古走过来，从宫廷走出来，从神坛走下来。

玉是石头精华，石之美者谓之玉，② 而我从来没见过这么美的玉石，赤橙黄绿青蓝紫，各种色彩齐全，汉中玉因而被称为"中国彩玉"。汉中玉含有大量透辉石，是翡翠的重要成分，颜色是纯洁的白色，被誉为"白翠"。金香玉，则是汉之玉中的极品。

美，是玉的最高法则。美玉养美人，一笑倾国的绝代佳人褒姒，就是汉中人。

③ 因了机缘，我在汉中有幸目睹了金香玉。那古朴醇厚的颜色，深褐如泥土，不事张扬，不露锋芒；那温润细腻的质地，如凝练的油脂，渗透出迷醉心魂的芳香；那纯正明亮的光芒，清新如初阳，凛于内而形于外。金香玉，真正"色可以濡目，性可以涤身，光可以照心"。她聚天地之精华、得日月之灵气而成国色天香，她至朴至艳、至拙至巧、至简至美。

④ 女人常常把梦想寄托在珠玉上，其中最爱，首推玉镯。自大汶口文化时期出现玉镯以来，女人对玉镯的热爱一直盛行不衰。春秋时期的扁圆形玉镯款式依然是现代妇女最钟情的"福镯"。隋、唐、宋朝女子佩戴玉镯成风，连佛教题材绘画，壁画中的仕女、飞天、菩萨，也大都离不开玉镯；到了明、清、民国时期，玉镯材质之佳、款式之多、造型之美、工艺之精，空前绝后。老年女子钟爱玉镯，则多是为了辟邪——据

❶ 排比和拟人修辞的运用，写出了汉之玉是大自然对汉中的慷慨，是造物主对壮乡的馈赠。反衬出曾经只是帝王将相拥有的珍宝也逐渐进入了百姓的生活。

❷ 此处采用细节描写，写出了汉中玉的色彩品种之珍贵，以及金香玉的难得。

❸ 一系列的排比和比喻的运用，将金香玉的颜色、质地、光芒描写得淋漓尽致。

❹ 此处采用详细叙述和排比修辞，描绘出了玉镯从古至今受到女子热爱和追捧的原因，可见玉受欢迎的程度。

说只要玉镯在腕，即使不慎摔跤跌倒，身体也不会受伤，自有玉镯护佑。

多年前，看过由白先勇小说改编拍摄的影片《玉卿嫂》，至今仍记忆犹新。因家庭变故，柳家少奶奶单玉卿沦为帮佣玉卿嫂，影片里，玉卿嫂试水温时，肌肤胜雪的皓腕在眼前那么一晃，戴着玉镯子的玉手蜻蜓般在水里那么一飞，当即让我惊艳。不用前戏交代，一看就知道她是从富人家出来的。玉卿嫂洗衣服的画面，也让我永生难忘：一下一下，玉手在搓衣板上来来回回；一荡一荡，那玉镯让我心旌摇曳、神魂颠倒。玉卿嫂那么笃定、平静、温婉，一派心如止水的模样，这样的处变不惊，这样的外柔内刚，应当来自她内心的底气和她留存的梦想吧，那可都是由她玉腕上的贵重玉镯做底子的啊。①观赏过电影《玉卿嫂》之后，我的首饰渐渐演化为手饰：玉镯；见识过汉之玉后，我的手饰梦想壮大了：金香玉手镯。

梦想还是要有的，万一实现了呢。

① 运用排比的修辞手法，总结全文，表达了作者对玉，尤其是金香玉的热爱。

延伸思考

1. 简述汉中在历史中的重要作用。

_____

_____

2. 人们痴迷玉的原因是什么？

_____

_____

秘　境

作者从秦岭入笔，通过写秦岭在"我"心目中的地位，秦岭在大秦、大汉、大唐时期所作出的巨大贡献，突出了秦岭在我国历史上的重要意义。进而讲述了洋县、米仓山、黎坪、红尘峡、剑峡、龙鳞山等地的地貌特征、成因、特殊物种等方面的内容，用诙谐幽默的笔触描摹出了"难于上青天"的蜀道之艰险；崇山峻岭的雄伟、壮阔；红尘峡、剑峡奇妙的由来；鬼斧神工的龙鳞山；黎坪美得不可思议的奇观。写出了作者对大自然鬼斧神工的震撼和感叹，以及对大自然的热爱。

车出西安不久，就钻入一个又一个长长短短的隧道，我茫然问：怎么这么多隧道，怎么这个隧道长得没完没了？旁边的穆涛兄告知：这个是亚洲最长的隧道，两边就是秦岭啊。

秦岭！

不知为何，听到"秦岭"二字，我总会心灵悸动，① 就像听到我暗恋的男神名字突然从旁人口中冒出。

❶ 把秦岭比作我暗恋的男神表现了秦岭在我心中的重要地位。说明秦岭时时刻刻都在我的心中，每当想到它、听到它，内心都欣喜不已。

17

是因为它雄伟而又神奇吗？

横贯东西的秦岭，是汉江、丹江的发源地，是地球上唯一的朱鹮营巢地，是长江与黄河流域的分水岭，是中国南北方的分界线。秦岭被尊为华夏文明的龙脉，"华夏"之称就来自秦岭与汉江。大秦、大汉、大唐，中国历史上这三个高光时刻，都与秦岭有着不解之缘：①凭借秦岭荫庇，秦国横扫六合完成霸业；韩信在秦岭"明修栈道，暗度陈仓"，为汉朝扩展辽阔版图奠定基业；唐太宗李世民的行宫翠微宫在秦岭中，其盛况从刘禹锡诗作《翠微寺有感》可窥一斑："吾王昔游幸，离宫云际开。朱旗迎夏早，凉轩避暑来。汤饼赐都尉，寒冰颂上才。龙髯不可望，玉座生尘埃。"

文人更为熟悉和感到亲切的是，老子在秦岭写成《道德经》，李白、杜甫、陆游、白居易、孟浩然、汪元量……都为秦岭留下过诗篇。王维隐居秦岭辋川，留下千古名句："空山新雨后，天气晚来秋。明月松间照，清泉石上流。"但最打动我的，是韩愈的《左迁至蓝关示侄孙湘》："一封朝奏九重天，夕贬潮州路八千。欲为圣朝除弊事，肯将衰朽惜残年。云横秦岭家何在？雪拥蓝关马不前。知汝远来应有意，好收吾骨瘴江边。"尤其"云横秦岭家何在？雪拥蓝关马不前"两句，何其悲壮，何等动人。

天高云淡，晴空万里。高速道路两旁，层峦叠嶂、色彩缤纷。让一条高速公路像一条延绵画廊，恐怕也只有秦岭做得到。

准确地说，北依秦岭南俯巴山的汉中洋县，是地球上唯一的朱鹮营巢地。②极其丰富的水资源，造就洋县花草树木品种繁多，且不乏名贵的中药材。洋县

❶ 几个排比句将秦岭对大秦、大汉、大唐发挥的重要意义描写得淋漓尽致。

❷ 此处用列举、引用的修辞手法，说明汉中洋县的植物王国的盛景和动物天堂的种类繁多。花开遍野的白芨，朱鹮等二十多种保护动物，说明了洋县自然环境的优美。

也是亚洲最大的白芨生产基地。春夏之交，洋县芸生白芨种植基地花开遍野，五颜六色的花朵随风摇曳，一派"黄四娘家花满蹊，千朵万朵压枝低。留连戏蝶时时舞，自在娇莺恰恰啼"的迷人景象。植物王国造就动物天堂：除了朱鹮，洋县还有大熊猫、金丝猴、羚牛等珍稀动物，以及金钱豹、狗熊、鬣羚、猕猴、岩羊、灵猫等二十多种保护动物，不过这些家伙可不会轻易让我一睹其尊容。

离开洋县，去往秦岭、大巴山、米仓山合围的南郑黎坪。

雄峙两省的大巴山，山势崎岖、沟壑险恶，屏隔川、陕两省，控扼汉水下游和长江中游，是汉江和嘉陵江的分水岭，①是暖温带和亚热带的分界线，是四川盆地和汉中盆地的分界线，也曾是秦楚相斗汉魏争夺之地、明清流民的避难所和农民起义军的活动场地。

②米仓山奇峰交错、峻岭交织，是连接巴蜀与外界最古老、最陡峭、最险峻、最壮观的交通要道。米仓古道是中国最早的国道，"连峰去天不盈尺，枯松倒挂倚绝壁。飞湍瀑流争喧豗，砯崖转石万壑雷"，写尽"难于上青天"的"蜀道之难"。

踏着秦巴古道，踩着满地落英，我走进黎坪深幽的山谷。玉带河"河水清且涟猗"，荡漾着我的心灵。这里如此静好，四野只有鸟鸣和水流的声音，多情的微风轻轻吹拂，像情人温厚的手掌滑过我的脸颊。再往里走，原始森林与"海底石城"合奏出迷人的华尔兹；枫叶瀑布与鹿跳峡交织成壮丽的交响乐。传说中的仙境，在这儿就是现实。

黎坪是国家重要的生物基因库，中国唯一具有侏

❶ 此处一组排比句道尽了大巴山的地理位置和军事意义。大巴山山势崎岖、沟壑险恶，所以朝廷对它难以掌控，成为流民的避难所，以及农民起义军的活动场地。同时其又是川陕的分界线，是兵家必争之地。

❷ 此段引用诗句写出了米仓山的陡峭和险峻。高耸入云的连绵山峰、难于攀援的悬崖峭壁、飞流直下的壮观瀑布、沟壑万千的崎岖道路为外界进入四川设置了重重障碍。

罗纪时代地貌植物特征的原始森林，就在黎坪；濒临灭绝的物种、全国面积最大的巴山松林，也在黎坪；曾被"世界自然保护联盟"宣布已经灭绝的特有模式植物崖柏，在黎坪重新被发现；大量存在于史前热带雨林中的野生附生植物，无数古老的藤本植物，也存在于黎坪。

据《华阳国志》记载，东汉时期有南郑人樊志张，为朝廷立下了汗马功劳，却因为沉迷留恋黎坪的美景，拒绝入朝为官，结庐黎坪潜心悟道，修得仙风道骨，超然于红尘之外，却自号"红尘居士"，于是，后人将他修身养性之地命名为红尘峡。"剑峡"得名来自传说：① 大禹拔剑劈山，宝剑化为峡谷——从高处俯视，剑峡正像一柄碧玉宝剑。剑峡中有数百米花岗岩长槽，十分壮观。

在人们的常识中，海洋、江河都是从西往东流的，所谓"一江春水向东流"。在红尘峡中，却有一段河流从东往西蜿蜒数十公里，因而得名西流河。"水往低处流"是自然界铁一般的法则，然而，有很多人亲眼看到，西流河中有一段碧水竟然是从低向高处流动的。看来，"有规则就有例外"，人类社会这条法谚，也适用于大自然的规律。② 高耸于西流河畔的天书崖，整个崖壁宛如一本翻开的巨卷，岩面上还有若隐若现的文字，简直就是一本天书，天书崖之名由此得来。河水与山崖激荡出的回响，犹如举子们琅琅的诵读声。

③ 龙鳞山更是黎坪奇观，这座美得不可思议的地质公园，使竭尽心思的旅游海报也相形失色：整座山是一架褐红色的龙骨，龙首、龙身、龙翼、龙爪、龙尾、龙鳞一应俱全。布满"龙"体的龙鳞，是亿万年

① 神话传说的加入使文章不再枯燥乏味，使得内容趣味横生。也反映了古人的丰富想象力。还展示了大自然的鬼斧神工。

② 此处运用比喻的修辞手法，将天书崖描写得十分生动形象。宛如一本翻开的巨卷，再加上岩面上若隐若现的文字，无不吸引着一批批的游客流连忘返。

③ 采用比喻的修辞手法把龙鳞山的形态特点描写得活灵活现。龙鳞山的地貌特征是大自然的馈赠。龙鳞山奇特的"龙体"地质现象全世界绝无仅有，神秘性也是非同小可，一句美得不可思议顿时引起读者极大的兴趣，希望一睹它的风采。

前的海洋生物化石，是沧海桑田造就的地质瑰宝，地质学上称之为"中华震旦角石"。据专家考证，龙鳞山山体形成于四亿多年前，这种奇特的"龙体"地质现象，全世界绝无仅有。天地有大美而不言。直到十年前，龙鳞山才跃出历史的地平线，携带着远古的印记，隐匿着神秘的密码，惊才绝艳亮相于世，被人们尊为"中华龙山"、惊呼为"中国最神秘美丽的地方""21世纪的伟大发现"。

而整个黎坪景区，又恰似一幅龙形山脊图，是极具观赏性的龙脊地貌。

延伸思考

1. 秦岭地理位置的重要性以及它在历史中发挥的重要作用有哪些？

_____

_____

2. 为什么说黎坪是国家重要的生物基因库？

_____

_____

3. 对龙鳞山的详细叙述有什么意义？

_____

_____

隐匿的王城 [1]

名师导读

在亘古不息的秃尾河和窟野河流过的地方，"改写中国文明史"的石峁遗址横空出世，这是游牧文明与农耕文明的交错区域。专家们历经六十多年的调查和发掘，终于在2012年让这座尘封的石峁古城展现在了我们面前。它巨大的规模，先进的建筑格局，海量的玉器无不向我们昭示着统治者的权力、财富和智慧。诡异的石雕人面像、音乐的起源、绘画方面的伟大成就、遗址的归属、石峁古城的辉煌和衰落，都等待着我们去发掘，去解答这千古谜题。

❶ 几个排比句交代了石峁古城的位置及周边的地质特点。除去奔腾咆哮的黄河，其余三面都透露着无尽的苍凉，说明岁月无情，无论多么繁华也禁不住岁月的冲刷。

站在高高的石峁 [2] 古城上，耳畔猎猎作响的朔风仿佛来自上古洪荒。

① 放眼四望，东面是奔腾咆哮的黄河，西面是苍

[1] 被节选入 2021—2022 学年陕西省西安市莲湖区高一（下）期末语文试卷，有删改，详见本书第四辑。
[2] 石峁遗址是中国已发现的龙山晚期到夏早期规模最大的城址。位于陕西省榆林市神木市高家堡镇石峁村的秃尾河北侧山峁上，地处陕北黄土高原北部边缘。

凉的黄土高坡，南面是沧桑的古长城，北面是苍茫的毛乌素沙漠。亘古不息的秃尾河、窟野河，从城址两侧浩浩荡荡流过。

① 在这片比国家还要古老的土地上，在这比人类还要久远的"两河流域"，被定义为"改写中国文明史"的石峁遗址横空出世。

这儿是陕北神木市高家堡镇，游牧文明与农耕文明的交错区域。"天之高焉，地之古焉，惟陕之北"。神木充满了奇迹，名称就是一个传奇。极富特色的明代古镇高家堡，古时为边陲要塞、兵家重地，是全国历史文化名镇、陕北四大名堡之一，尤以"城小拐角大""城小神灵大"闻名。

"两沟夹一峁必有遗迹"是陕北民谚，六十年来考古、文物专家对石峁遗址的调查和试掘几起几落，直到 2012 年，陕西考古研究院一行人马的到来，意味着尘封于历史尘埃中的石峁遗址终于等到了它的"真命天子"。以哪儿为突破口下手，考古专家慎之又慎。② 准确的判断来自灵感，灵感的启示来自经验。或许还有石峁先祖在天之灵的引领，他们走在了正确的道路上。从外城东门开始试掘，事实证明这是神来之笔。当他们拨开层层泥土，大量龙山时期的陶片不断显露，他们知道，一个里程碑式的考古发现已经诞生了。

更大的惊喜还在后头。一座三重结构的石城，以石破天惊之势赫然出现，面积至少 1000 万平方米。想想看，1000 万平方米是什么概念，有 14 个北京故宫那么大！石城的核心区域是外城、内城和"皇城台"，面积超过 400 万平方米。这是一项超级工程，后来被确认为迄今"中国乃至东亚最大史前古城"。一场颠覆

❶ "比国家还要古老""比人类还要久远"说明了石峁遗址悠久的历史。

❷ 任何事件的成功都离不开天时、地利、人和。

考古学传统认知的重大考古发现，就这样伴随着考古专家辛勤的汗水和激动的泪花到来了。

"皇城台"是今人赋予的名称，它类似于玛雅金字塔结构，是王的宫殿，是他的权力高台，历经几千年风雨洗礼依然傲然屹立。① 等级分明、"宫禁森严"的建筑格局，昭示威严的权凌然不可侵犯；类似北京紫禁城的环套结构设计，开启中国古代都城建筑格局之先河。

② 壮观的皇城台下，构筑精良的城墙绵延数十公里，Z字形门道连接着内外瓮城，门道两侧有两两相对的四个门塾（岗哨），门道内侧是两座高大的南北墩台，距城门不远处有马面、角台等城防设施。这是一座完备的军事防城，是整个东亚地区史前最完善的城防体系，说明4000多年前此地战事频仍、政治格局复杂。看来，人类天生就是政治动物。

宏伟的宫殿式建筑、强大的军事功能、严谨的规划设计，足以证明石峁王者的权力、财富与智慧，让看惯了考古奇迹的考古人员也感到震撼。它引起了全世界考古学界的关注——人们总是对最大或最小、最好或最坏的事物感兴趣。

是哪位盖世英豪建造起这座宏伟都城？是谁站在庄严的皇城台上号令天下？

③ 它是黄帝之墟。它是夏启之都。它是羌人之城。它是匈奴鬼方城。它是上古西夏都邑……众说纷纭、莫衷一是。每一个可能性的背后，又有多个其他的推测或疑虑冒出来。著名历史学家提出的"黄帝之墟"一说，最引人注目，最令人兴奋。很多人愿意相信：这座众星拱月的塞上之城，这座气势恢宏的史前城池，这

❶ "皇城台"的建筑特点，对早期国家的形成以及中国古代建筑的研究具有重要意义。

❷ 详细描写了"皇城台"外面完善的城防设施，显示了我国古人的智慧。

❸ 一系列别称、猜测说明石峁古城年代久远、证据难寻，只有从古代遗留文字中去寻找蛛丝马迹，可见考古工作的艰辛和困难。

座上古时期的建筑巅峰之作，正是《山海经》中描述的"昆仑之墟""黄帝的昆仑城"。① 对黄帝在陕北的行踪，《史记》《汉书》都有记载，况且石峁古城的初建年代与黄帝在陕北的活动时间大致吻合，而邻近石峁的桥山、肤施就有黄帝冢墓、黄帝祠堂，在时空上都接上了轨，由此似乎更能确定石峁古城即为黄帝之都。

当然，这只是推测而非考证，至少证据还不够充分。考古界虽然少门户之见，却向来有信古派、疑古派之别，"石峁古城是黄帝之都"结论的产生，自然会引起国内外学界的广泛兴趣，也必然带来学者的质疑和争议。最激烈的反驳，依据于石峁古城"不见于历史文献记载"，黄帝"只是一个传说"。

哪个才是正解？被掩埋湮没数千年的石城缄默不语。或许，对于尚未确证的事情，最好的态度是偏向于怀疑？

文字、城市、青铜器、礼仪性建筑的出现，往往作为文明起源的标志。毫无争议的是，史证如山的是：② 石峁古城是现存史前最大城址，或为4000多年前中国北方及黄河流域的权力和宗教中心，它改变了中华文明的早期格局，为探索中华文明起源掀开了新的篇章。

过去相当长一段时期里，人们被长城遮挡了视野，把中国古代史看作是长城以南的事情，过分夸大了中原文化的作用。其实，早在20世纪初，人类学家就在英金河畔的红山上嗅到了远古文明的气息，③ 现代考古学家李济60年前也排众而出，提出"长城以北列祖列宗"的观点并敦促同行："我们应当用我们的眼睛，用我们的腿，到长城以北去找中国古代史的资料，那

❶ 细节描写阐释石峁古城是"黄帝之墟"。虽然找到了记录的蛛丝马迹，但还没有直接的证据，所以考古之路任重道远。

❷ 石峁古城的发现开启了新篇章。石峁古城历史之悠久、规模之宏大都是空前的，对探索中华文明的起源有重要意义。

❸ 说明考古学家李济目光长远，敢作敢为。无论哪个行业，都要具备勇往直前的精神，畏首畏尾永远也不会有创新。

里有我们更老的老家。"

石峁遗址的发掘实在不简单，印证了李济先生的"先见之明"，体现了中华文明起源的多元性，对"中原文化中心论"形成了强烈冲击，对实证中华文明5000年历史有重要意义。^①因而，石峁遗址被纳入"中华文明探源工程"，并顶着"中国文明的前夜"之桂冠，入选"世界十大田野考古发现""21世纪世界重大考古发现"。

我们还是凭自己的想象，去感受几千年前的王宫气派吧。

石峁遗址开掘不久，我慕"石峁古玉"之名，从府谷顺便前往，匆匆拜谒过石峁王国。那时它几乎没有建造任何保护性设施，给我留下的深刻印象是它的荒凉，还有讲解员难以抑制的激动语气。现在旧地重游，欣然看到重要遗迹被护卫起来了，气派的展览馆建起来了，一砖一石都作为珍贵文物保护起来了。无厘头想起杨门女将穆桂英的唱词，^②"几年我没到那边关走，砖头瓦块都成了精"。诞生杨家将故事的宋城遗址，也距石峁古城不远。

在多到难以想象的石峁遗址出土文物中，数量最多、品类最全、工艺最高的是玉器。石峁玉器的发现，远远早于石峁城址的发掘。

大清王朝末期，外国汉学家萨尔蒙尼就著有《中国玉器》一书，详细记载、描述了石峁牙璋。从那时候起，流失海外的石峁古玉有数千件，欧美多家博物馆都有收藏。^③流落到民间的石峁古玉更是不计其数，经常是一场暴雨过后幸运的当地村民俯首即拾。1975年，考古学家戴应新在石峁从民间征集到100多件玉

❶ 石峁遗址获得的这些赞誉更加说明她对考古的价值，关系中华文明的起源，意义重大。

❷ 此处引用穆桂英的唱词使文章增加了诙谐幽默的气息。

❸ "暴雨过后幸运的当地村民俯首即拾"说明遗失玉器之多，给人一种遍地是玉的感觉。

器，现都存于陕西历史博物馆。

红山文化、良渚文化以出土玉器闻名天下，但是与石峁文化中的玉器相比，实乃小巫见大巫。石峁玉器以数量巨大取得压倒性胜利，器类多到让人眼花缭乱，①其中牙璋风格非常突出，牙璧造型奇特，专家称之为"精美绝伦，独一无二"。那时候的石峁玉匠，竟然掌握了当今玉器加工的一整套技法，甚至打磨出了针孔可以穿引麻线的玉针，工艺精美到不可思议，有的雕刻艺术对今人来说都是高难度挑战，真是太了不起了，不知道那些伟大的工匠有着怎样聪明的大脑和灵巧的双手。

玉器本是上流社会的奢侈品，令人费解的是，石峁玉器数量多到不可想象，②石峁连建城都使用玉器。在石峁遗址的残垣断壁中，考古人员发现多件玉璋、玉铲、玉璜、玉刀、玉钺。石头墙里埋玉，古今中外只发现石峁古城一家，真是牛气冲天。或许，它佐证了史书中"玉门瑶台"的真实存在；或许，墙壁中嵌玉，为"石峁古城乃黄帝之都"论又提供了一个有力的证据——疑为子贡所著的《越绝书》云："轩辕、神农、赫胥之时，以石为兵……至黄帝时，以玉为兵……"

这么多精美的玉器，这么多大件玉璋、玉刀，得耗费多少玉材！陕北并不产玉，玉料从哪儿来呢？

有人说由邦国进贡而来；有人说是战争掠夺而来；有人说从"玉石之路"贸易而来。近年有专家学者认为：早在张骞出使西域的"丝绸之路"之前，就有一条从西域到中原的"玉石之路"存在，丝绸之路由其拓展而来，石峁古城正是上古时期中国乃至东亚的玉石中心。

❶ 石峁玉璋显示出匠人精湛的技术，作者赞扬了古人的聪明和智慧，也表达了对工匠的崇敬。

❷ 列举和排比的运用说明石峁古城使用玉器的普遍，也为石峁是"黄帝之都"增加了事实依据。

石峁玉器数量如此之多，不可能都是贡品，也不可能都从遥远漫长的"玉石之路"贸易而来，同样不可能是四处掠夺搜罗过来的战利品。有一个严峻的问题不容忽视，那就是，古代交通山高水长，古代运输靠牛拖马拉。那么，石峁古玉，有无可能来自于距离最近的汉中玉？

大胆假设，小心求证。一位国外著名考古学家说过，"永远不要考虑理论，你只管去收集事实"。

①令我唏嘘的是，王者在城防建筑中嵌玉以增加心理保障，企图使石峁古城同时成为一座巨大的精神屏障，然而，还是阻挡不了石峁王国的兴亡交替。任何王朝都会终结，历史规律不可抗拒。

惊人的发现远远没有结束，历史的遗存、文明的见证，如同沉积岩一样，在石峁古城地底下层层累叠。

城邦，是社会文明到来的重要标志。对跨过了文明门槛、进入了早期国家形态的石峁王国来说，筑城不仅是建筑行为，更是政治的体现和权力的宣示。石峁的城建中，已有排除雨水、保护墙基的散水处理设施，并且使用了横向插入墙体的纴木——这是城建技术的伟大创举，后世直到北宋才有《营造法式》一书有记载。考古人员在内城发现多处房址遗迹，其中一座石砌院落结构完整、错落有致，这个院落，被推测为石峁王国的"城防司令部"。

"事死如事生"的国人认为，墓穴是人死后灵魂的居所，所以对丧葬十分重视。在石峁城址西面，考古人员发掘出贵族墓葬群，这样选址意喻人死如太阳西落。对生命与死亡的态度，决定了他们的哲学观。考古学家习惯以墓葬形制、随葬品多少来推测墓主人的

❶ 运用对比的修辞手法说明任何方式、任何事物都改变不了王国兴亡交替的历史规律，在历史的长河中，任何王国都不会永远强大，势必会由盛到衰。

身份。有一个玉殓葬的墓主人，身体上摆满了玉器，他是为了让躯体不灭、灵魂永生。有的墓中出土了青铜武器，墓主人生前大概是位武将。那时极其稀罕的鳄鱼骨板、鸵鸟蛋壳，竟然也在石峁墓葬中出现，它们的来路待考，而墓主人却非富即贵。

石峁王国已有了明显的社会阶层，是一个高度复杂化的社会：王公贵族穷奢极欲，死后还要极尽殊荣。农牧业者、手工业者属于平民阶层，死后只能石棺、瓮棺葬之。奴隶则被奴役、被殉葬，是"被侮辱和被损害的"社会最底层。

手工业作坊遗迹在石峁古城有不少，这些作坊主要用于烧制陶器、加工骨器、雕琢玉器、制作青铜器、打造农耕石器。玉文化和青铜文化在石峁古城相遇，东西方文明在石峁王国汇合，农业与游牧业在石峁大地并重……对于破解黄土高原的远古文明密码，它们起着举足轻重的作用。石峁古城出土的大量炭化粟、黍和以种植苎麻织成的麻布，告诉我们：这里曾植被茂盛、环境优良，经过千万年狂风的扫荡、烈日的暴晒、暴雨的冲刷、冰雪的侵蚀，才被塑造成黄土高原。这也体现了地质学上的一个真理：① 任何地形、地貌都不是永恒的。

② "国之大事，在祀与戎。"对古代君王来说，祭祀非常重要，关系到国运和国事，否则何以"奉天承运"，何以"推天道以明人事"。根据文献记载，有宗教祭祀活动的城池为"都"，没有的话只能是"邑"。在石峁古城外，有一座同时期的祭坛遗址，是上下三层结构的建筑群，表明石峁王国的宗教、文化等文明要素已经齐备。

❶ 总结上文。地形、地貌经过千万年都可能发生改变，还有什么是一成不变的呢？

❷ 引出下文。祭祀活动在古代的意义非常。

29

❶ 两个问句，振聋发聩。骇人听闻的头骨坑反映出古代统治者的残忍无道。也反映了下层人民的悲惨命运。

❷ 三个问句发出了振聋发聩的灵魂拷问。任何人看到这惨无人道的场景都会痛心疾首、夜不能寐吧！

❸ 对于音乐起源的推测。不同的人有不同的观点，这需要我们去寻找更多有力的证据，去解开这个未解之谜。

如果说皇城台无穷的玉器出土使人惊奇，在东城门附近发现的一百多颗人头骨则令人惊骇。六个头骨坑里排列整齐的这些头骨，经鉴定，都是十多岁女孩的美丽头颅。①这儿发生过什么，她们是本邦少女还是异族俘虏？是建城奠基，还是为国事祭祀？周朝之前，人的生命被随意践踏，建房子要用活人奠基，权贵去世要用活人殉葬，开战之前要用活人祭旗。可是，在一个视女性为不祥之物的国度和年代，石峁王国为什么要用②女子当祭品？面对这么多人头，考古人员能泰然自若吗？都是少女头颅，他们曾为之动容吗？

诡异的“石雕人面像”，大量出现在石峁遗址墙体，很有可能是一种巫术，说明神巫在石峁王国不仅存在，而且是上流社会人士。

③“音乐是从原始民族的巫术中产生出来的”，这是法国音乐学家孔百流的观点，英国音乐出版家克罗威斯特则认为音乐起源于模仿自然界的声音，中国古代也有类似的见解：“帝尧立，乃命质为乐。质乃效山林溪谷之音以歌……昔黄帝令伶伦作为律。……次制十二筒，以之昆仑之下……”《吕氏春秋》也提到了黄帝和他的昆仑城，我相信黄帝绝不只是一个传说。从皇城台出土了大量制作精美的骨器，其中二十多件骨制口弦琴为国内年代最早的弦乐器，也是世界上最早的口弦琴。这算得上中国音乐史上的重大发现。与骨制口弦琴同时重见天日的，还有骨制管哨、陶制球哨，看来石峁古人的娱乐生活很是丰富多彩。

最大量级的中国史前壁画、已知陕西最早的壁画，在石峁古城惊艳耀世，引无数观者竞折腰。三百多块壁画残片图案清晰、颜色鲜艳，令人震撼的几何图案可能来自于大自然的启示,使用的起稿线震惊学界——是绘画史上的伟大创举。

　　石峁古城存续了三百多年,留给我们一座隐匿的废都、一个王朝的背影、一部上古的史诗。① 它是黄帝肇启之都,还是一段文明孤旅? 它因何废弃,人们去了哪里? 石峁古城的伟大,在于它还只开掘出冰山一角,就已见证了石峁古人强大的创造力,展示了史前中华先民的历史足迹和文明历程。石峁王国的辉煌,石峁古城的衰落,还隐藏着无数的秘密,还有太多的谜团等待揭开谜底。古埃及、古希腊、古巴比伦文明已经绝迹,石峁文明能登上人类文明史的世界舞台吗?

　　拭目以待。时间是最伟大的裁判者。

❶ 连续问句说明石峁古城仍然有许多的秘密等着我们去探索、去发掘。

延伸思考

1. 描写石峁遗址归属猜想有什么意义?

_____

_____

2. 简述本文主题思想。

_____

_____

3. 简述石峁玉器的数量、规模和工艺。

_____

_____

景东散记

名师导读 ▶

　　本文用优美的语言描写了景东的无量山、黄草岭、哀牢山、杜鹃湖、土林和景东文庙。其中引用了武侠小说《天龙八部》对无量山的描写，使行文更加生动亲切。另外对德籍英国经济学家舒马赫的"小的是美好的"极力推崇，显示出作者推崇不破坏生态环境的经济发展理念。最后还借助外国植物学家对景东的留恋和痴迷与上文相呼应，感叹自然景观的迷人和景东人民的远见卓识。

❶ 此段解释景东县各种文化异彩纷呈的原因。多民族的交融，多种文明的汇集、撞击、融合、发展造就了异彩纷呈、交相辉映的历史文化。

　　在淅淅沥沥、飘洒不停的细雨中，汽车从昆明出发，穿过以山歌著称于世的弥渡，绕过以苍山洱海闻名中外的大理，数小时后，终于抵达滇西南历史文化名城——普洱市景东彝族自治县。"景东"系傣语转音，意为"坝子城"。

　　其实，❶景东县境内还居住着哈尼族、傣族、瑶族、回族等二十多个少数民族，少数民族人口超过总人口一半，汉族倒实实在在成了景东的"少数民族"。异彩纷呈、交相辉映的各种文化、古文明在这里汇集、撞击、融合、发展，共同造就景东璀璨夺目的历史文化。

暮色中，有婉转动听的歌声，乘着初夏的凉风，滑过古老的城墙，从街巷深处悠扬地传来。夜里，伴着河水的流淌和小鸟的啁啾，我进入了安宁的梦乡。

清晨，景东展现出迷人姿容：^①朝霞从城区顶空撒下轻柔的光线，给古朴洁净的锦屏（县城所在地）披上一件鲜艳的彩袍；穿城而过的川河，在朝阳照耀下泛着温柔的亮光和氤氲的灵气。

拥有这般良辰美景的景东人，除了饱享眼福外，有没有口福呢？我是个信奉"民以食为天"的俗人，是故，每到访一个地方，总要找机会去街市逛逛，以期了解当地的饮食文化。等不及吃早餐，我便兴致勃勃地赶往县城的集市。

上百个大大小小的集市摊档，除了卖蔬菜、水果、肉类，也卖各种日常用品。令我惊奇的是，^②在京城店铺里高价出售的灵芝、何首乌、草乌、香橼、吴萸、荜拔等珍贵药材，在这儿随处可见，而且货真价廉；黑木耳、香菌、松茸、鸡枞等山珍，在这儿多得就像白菜萝卜，价格便宜得让我咋舌。各种奇花异草，五元钱就能买到一大把，让我羡煞了景东人。我买下一把金黄艳丽的"野花"，边走边嗅它扑鼻的香气，追赶而至的景东女诗人王云告知：这是一种当地名贵药材，对风湿病有特效。不由感叹大自然对景东的慷慨馈赠。

早餐时不经意一抬头，看到影影绰绰的山峦。锦屏是一座被山岳、河流包围的小城，城西耸立着无量山，城东矗立着哀牢山，它们都是国家级自然保护区，都被世界自然基金会确认"具有全球保护意义"。这真

❶ 通过描写锦屏在朝阳的照耀下的美丽景色，表达作者对祖国大好河山的热爱。拟人手法的运用，使美景富有生活气息，更加靓丽温柔。

❷ 运用排比的修辞手法，写明了景东物产丰富。随处可见的、价格便宜的珍贵药材和山珍是大自然对景东人的慷慨，是大自然对景东的馈赠。也从一个侧面说明了景东人朴素的生活状态。

是一个奇迹。怒涛汹涌的澜沧江，缠绕着无量山、哀牢山奔腾不息。众多的江、河、溪、涧，构成景东永不枯竭的生命源泉。

因为水源极其充沛，20世纪末，景东一下建成两座国家级大型水电站。

50年前，德籍英国经济学家舒马赫[1]通过经济学的实证，给了世界一个全新的发现：① "小的是美好的。" 这一观点在诸多发达国家和地区成为潮流，成为简单生活方式和社会模式的实践，成为城市规划和市政建设的"圣经"[2]。因为，"小"，能给人带来悠闲生活的慢板，带来美好生活的真谛。景东践行着这一经济理论和社会哲学：在城区建设、经济发展中，不贪大求全，不以生态破坏为代价，避开了"经济发展，环境污染"的宿命怪圈。

② 无量山以"高耸入云不可跻，面积宽大不可量"得名。

道教言"无量"有三义：一为天尊慈悲，度人无量；二为大道法力，广大无量；三为诸天神仙，数众无量。佛教曰"无量"即无量、无边、无穷、无尽，往往用来形容慈悲、善行、寿命、光芒、功德无所不能达。

林海浩渺的无量山，生长着大批历经数百年、上千年风霜的珍稀濒危保护植物。植物种类的丰富，自然生态的完好，为鸟兽栖息、繁衍提供了乐园和庇护所。无量山有巨蜥、云豹、黑熊等上百种珍稀动物，鸟类

❶ 此句引出下文对观点的论述。舒马赫的远见卓识，经实验证明以牺牲环境换来的经济利益真是得不偿失。告诫世人目光要放长远。

❷ 此处用排比方法说明道教、佛教对无量的解释，引出下文对无量山的高大和面积宽大的极致描写，可见无量山的资源丰富、景色优美。

[1] 舒马赫，德籍英国人，世界知名的经济学者和企业家，被后人尊称为"可持续发展的先知"。20世纪70年代，他写了一本轰动一时的书《小的是美好的》，成为声讨现代工业文明弊病的经典著作。
[2] 这里指一些有远见卓识的城市规划和建设者把经济学家舒马赫的理论作为城市建设的指导方针。

资源占到全国鸟类近三成，并有"画眉之乡"的美称。

有多少人因为看了《天龙八部》而去的大理？其实，要探寻金庸笔下的奇妙王国，最好的途径就是上无量山。金庸先生对无量山饱含深情，在其著作中，无量山毒蛇猛兽、奇虫仙鸟、琪花瑶草无奇不有。

①一条玉龙从悬崖峭壁飞奔而下，跌入深潭形成湖泊，湖边常有挥剑飞舞的神秘身影，飞瀑后面是光滑如镜的紫黑色石壁，石壁又将神秘身影反射到湖面——它们就是金大侠笔下的"无量剑湖""无量玉璧""无量剑""玉璧仙影"。这"一条玉龙"就是无量山的剑湖瀑布，这"无量剑湖"就是无量山的剑湖。《天龙八部》中的"无量石洞玉像"等自然和人文景观，也都在无量山上觅到了踪影。

无量山是现实版的神话之地，是一个真实与神话交融的世界。上到无量山，金庸笔下神话般的世界，将毫无保留地展现在你眼前。

文人骚客将中国山水之美概括为"雄、奇、险、秀、幽、奥、旷"，而我眼中的无量山，囊括了所有的山水之美。

山路曲折起伏不断，两旁的树林浓密翠绿，山崖下是欢欣跳荡的溪涧，溪畔是层层叠叠的梯田……越野车左转右转，转过无数密集的弯道后，把我们带入景东海拔最高的村寨——黄草岭。

黄草岭深藏于无量山中，岭上生长着多种奇形怪状的植物，②各种树木或高大挺拔，或虬枝盘旋，或横向延伸，张扬着顽强的生命力；热带兰花、山茶花、无量含笑等野生花卉，或妖艳妩媚，或花团锦簇，或婀娜多姿，散发着诱人的吸引力。火红的花椒、硕大

❶ 承接上文对无量山详细描写。借助金庸笔下《天龙八部》对无量山的描写来描绘无量山的美景，给文章增添了乐趣和仙气。

❷ 运用排比以及拟人的修辞手法，写出了无量山中各种树木和花卉的姿态万千。也说明了黄草岭自然景观保存完好，生态环境优越。

的蜜桃、肥壮的刺包菜，还有苹果、黄梨、樱桃、木瓜、山石榴……瓜果带着山野的清新芬芳，向远方的客人点头致意。林中偶尔传来几声蝉鸣、鸟啾，更显出黄草岭的幽静空灵。

掩映在繁茂果林里的黄草岭村民居，密密匝匝地呈现在我们眼前，在阳光下反射出奇异的光芒。因当地没有可烧制瓦片的胶泥，加之普通瓦片难以抵御山风的侵袭，聪明的黄草岭人就地取材，将山中巨石劈为石板砖、瓦，建造出外观独特、冬暖夏凉的房屋。青色石头铺就的村道和台阶，弯弯曲曲，高高低低，将各家各户连在一起。

穿过花草树木，走在房前屋后，闻着自然的气息，看着袅袅的炊烟，我突然有点儿想流泪。这是惬意的农家生活，是真实的人生滋味，也是我内心渴望而久违了的场景啊！

突然，隐隐约约传来了此起彼伏的"噢噢""噢噢"声，当地向导告诉我们：这就是被誉为"世界仅有，中国之冠"的山林精灵黑冠长臂猿的啼声！

顿时，我们敛气息声，然后，跟着当地向导循声追寻。自然垂头丧气而归。景东是"世界黑冠长臂猿之乡"，有多少动物爱好者、摄影爱好者、探险旅游爱好者，在无量山茫茫林海中追踪黑冠长臂猿，然而，黑冠长臂猿极其机警，一有风吹草动便迅速遁入密林，它们超长的双臂攀行时如同鸟儿飞翔，即使两树相隔十多米也能准确腾空、掠过、落下，因此，只有极少数幸运者目睹过它们的姿容。据说曾有一大汉因未能遂愿，竟然当众失声痛哭。

景东黑冠长臂猿是世界尚存的四大类人猿之一，

是国家一级保护野生动物，因高度濒危、极其稀少，被美国《时代》周刊公布为"世界上 25 种濒危灵长目动物中数量最少者"。① 它们神秘高贵，终年生活在古木参天、人迹罕至的原始森林里，只食没被虫害污染的植物嫩芽、花朵、浆果，只饮树叶上的露水，极少下地行走，在树上蜷曲而眠。它们至死保持尊严，从不让人看到尸首。

每天太阳初升时，黑冠长臂猿就开始引吭高歌，宣告对领地的权利，警告外来者不得入侵。它们过着家族式群体生活，性情霸道却极重感情，看到同伴受伤、生病或死亡，会悲伤很长一段时间；它们对爱情从一而终，倘若伴侣去世，配偶便哀鸣而终——"问世间情为何物，生也相从，死也相从"。

一路为我充当讲解员的景东文联王敬主席告诉我，有一个年轻的博士研究生，离别尚在昆明求学的女友，独自在无量山寻觅、追踪、观测黑冠长臂猿整整四年，因为长年累月的与世隔绝，他的性格变得很孤僻，对人世和人事产生了一定程度的排斥心理，却与黑冠长臂猿结下了深厚的情谊。

我默默地想，只有内心对黑冠长臂猿有大爱、大悲悯，他才能生出这种大义、大奉献的殉道精神。

突然间，泪水就无法控制地流了下来。

哀牢山，一个让我莫名心动又心酸的名字。

② "哀牢"系用汉字对古代傣语"哀隆"的记音。公元前五世纪，一个神秘王国——哀牢古国在此出现，开国之王为"召隆"（意为"大王"），各国首领称其为"哀隆"（意为"大哥"，汉译"哀牢"）。它历时四百多年，是云南历史上的文明古国之一，其石器文化、青铜文化、

❶ 此处通过对黑冠长臂猿的饮食和生活特点的细节描写，告诫人们远离野生动物就是对他们最好的保护。灵长类动物十分聪明，且对生存环境的要求非常高，所以保护它们的生存地任重道远。

❷ 此处叙述哀牢山名字的由来以及哀牢国悠久的历史。其石器文化、青铜文化、耕织文化、服饰文化、饮食文化、民俗文化以及音乐、舞蹈等名族民间文化，都十分丰富独具特色，可见它是名副其实的文明古国。

耕织文化、服饰文化、饮食文化、民俗文化以及音乐、舞蹈等民族民间文化，都十分丰富且独具特色。由于历史久远，哀牢国的地上文物几乎无存，只有一些与之相关的地名、山水、传说，依稀传递出远古岁月的信息。

❶ 几个并列的词语将哀牢山上植物的规模和价值描写得十分细致。"天然绿色宝库"等赞语可见其科研价值、经济价值、环境价值、旅游价值也是十分可观的。

哀牢山山高谷深，终年云缠雾绕，海拔在 600 至 3000 米之间变化，形成寒温带、亚热带、热带气候混合交错的立体气候。①山上古老、名贵植物种类很多，繁茂连片、林相完整、结构复杂的常绿阔叶林，性质之原始、面积之广大、保存之完好、人为干扰之少世间罕见，是"天然绿色宝库""镶嵌在植物王国皇冠上的一块绿宝石"。具有国际声誉的著名植物学家、中科院资深院士吴征镒先生说："哀牢山拥有的常绿阔叶林，对全世界生态系统的研究来讲是至为重要的……"

❷ 此处运用比喻和排比的修辞手法将哀牢山的动物种类以及这些动物在地球上所占的重要地位描写得生动形象。可见这里的动物资源，有极高的研究价值、经济价值、观赏价值。

野生动物当然钟爱这样的地方。②哀牢山是南、北动物的天然"走廊"，是候鸟迁徙的必经之地，是中国最大的生物王国：有着占全国总量三分之一的物种，有数十种国家重点保护动物，还有大量的珍贵经济动物、药用动物和观赏鸟类。它也是地球同纬度上生物资源最为丰富的自然综合体，被中外学者誉为"天然物种基因库"。

哀牢山以奇特的地质、大气、水文、生态景观，成为联合国"人与生物圈"定位观察点，吸引着国内外专家经常前来实地考察，也吸引着无数海内外旅游探险家慕名而来。

长年不间断的朝雾暮雨，使得哀牢山气候非常潮湿，有人说，"哀牢山是神仙久居之地，但非人类久留之地"。然而，中科院哀牢山生态研究站的工作人员，多年来一直坚守山上，为哀牢山的生态研究无私奉献，刘站长在自己的研究论文集后记中写道："虽然在哀牢山上工作是辛苦的，气候条件差，碰到的困难也多，但是我们的工作是愉快的，我非常珍惜和热爱这个岗位，并全身心投入到工作中……"言如其人，十分淳朴，令人感动。

在哀牢山的崇山峻岭中，还有哈尼人用顽强毅力开凿出的哈尼梯田，在大自然的神奇造化之外，馈赠给世人一方无比壮美的艺术圣地。

踩着地上积得厚厚的枯枝残叶，高一脚低一脚地进入到"彩林翠海"。在这片密林中，乔木、灌木、附生植物、寄生植物、藤本植物、草本植物高低参差、形态各异，错落的景观真是曼妙多姿：① 高大的乔木仰望缈缈长空，"欲与天公试比高"；藤本植物攀爬到树冠顶部，分披垂挂；附生植物、寄生植物死死纠缠着乔木、灌木；地面上，各类矮小的蕨类、苔藓等草本植物密密匝匝，互不相让、拥挤成堆，展示着另类生命姿态。仔细察看之下，我发现眼前虽然全是绿色植物，其实色彩缤纷，各不相同。

❶ 排比和比喻的运用将哀牢山植物的种类和层次描写得淋漓尽致，使人耳目一新。

森林静悄悄的，一阵风吹过来，林涛阵阵，如歌如泣。翡翠似的山林，弥漫着植物的芳香，我不禁深深地长吸一口气，尽情呼吸这一尘不染的空气。

② 一面巨大的银镜闪入眼帘，是镶嵌在山巅的杜鹃湖。白云映照湖水，湖面银光闪闪。

杜鹃湖，因湖边绽放各色大王杜鹃花得名。绚烂多姿的杜鹃花，不仅装点着湖泊，也让这片"世界上保存得最完好的原生态亚热带山地湿性森林"显得分外妖娆。杜鹃湖是哀牢山之巅的"瓦尔登湖"，美得简

❷ 运用比喻的修辞手法将杜鹃湖湖水的平静和清澈写得形象生动。"一面巨大的银镜""湖面银光闪闪"把平静无波的湖水美景展示出来。

直让我心碎，在这儿，世间尘嚣诸般烦恼全都被抛诸脑后。

烟雨蒙蒙，天地一片混沌。越野车蹚着汩汩的泥石流前行，前往云南"四大土林"之一的景东文井土林。

① 所谓土林，原是山势平缓的沙砾岩山体，经过千万年风刻雨雕后，表层的砂土、软岩层都被冲走了，硬岩层和岩层中的铁分子、钙离子凝结成不透水的胶结层保留下来，形成千姿百态的土柱、土峰。它们高矮逶迤，或酷似废弃的古堡，或形肖神情逼真的飞禽走兽，或好比静止的雕塑艺术品，大都分布在河岸、河床或沟壑两侧。置身于荒凉雄浑的土林，我仿佛走进了宇宙中另一个时空。

文井土林依附于哀牢山的原始密林，分布于两座小山之间，景观面积约一平方公里。② 远远望去，它犹如一座中世纪的大教堂，顶上一个个小尖塔直刺苍穹，近看之下，它似重重叠叠排列有序的千层塔林。它也让我想起玛雅太阳神殿。登临高处俯瞰土林，那些被暴雨冲击出的裂痕，那些被时光雕刻出的沟壑，突然间就把我的心揪住了。

早在数千年前，就有人类在景东（古称"银生"）这块土地上繁衍生息，并创造出新石器文化；唐、宋时期，银生在南诏国中疆域最为广阔；元代，银生列入了中国史册和版图。

③ 景东文庙始建于元末明初，它前观川河，后枕玉屏，依山傍水，古朴雄伟，是景东最具代表性的古建筑遗存。它的兴建，意味着以"重道崇儒、实行教化"为核心的中原文化与色彩斑斓的银生本土文化相融合，对景东的文化生态产生了深远的影响。

旁注：

❶ 运用比喻和排比的修辞手法将土林形成的原因交代得清清楚楚，将土林的形态描绘得形象生动，读者仿佛身临其境一般。

❷ 比喻修辞的运用将土林的远观与近看效果描绘得清晰可见。同时感叹大自然的神奇力量，沉迷于大自然的鬼斧神工。

❸ 本段介绍了景东文庙的建筑特点及其文化特色。始建于元末明初，前观川河，后枕玉屏，依山傍水，可见其历史悠久、位置独特。

在景东文庙，当身着艳丽民族服装的彝族姑娘笑吟吟上前，为我捧上一杯芬芳的普洱茶，当一片片茶叶在清水中荡开，瞬间迸发出光泽、散发出柔情，我仿佛看到了舒展在茶杯中的岁月、流动在茶水中的光阴，仿佛听到了茶马古道上隐隐传来的马蹄声声。

闻名世界的茶马古道，起源于银生时期的银生古城。

离开景东已经好几个月了，然而，景东的所有景象，在景东的美好感受，让我一次又一次地回味，一次又一次地沉醉。

①痴迷景东的粉丝大有人在，外国人更是"骨灰级"发烧友。1985 年，美国加州大学海莫夫博士到景东考察黑冠长臂猿，刚回到美国，就迫不及待地给景东人民写信道："我访问景东之前，曾经考察过世界上很多地方，但从来没有见过像景东这样美丽的地方。景东四季如春，终年鸟语花香，山清水秀……我在景东看到的东西太多了，景东多美啊！"更有甚者，1996 年，荷兰野生动植物保护专家瑞耐斯先生到无量山考察，因贪恋神奇美丽的风光，竟累到走不动路而被担架抬下山。

但凡到过景东的游子学人，无不被她的美好深深吸引。无数人像我一样，在临别之际许下心愿：景东，我一定还会来的。

❶ 通过对海莫夫和瑞耐斯的描写，说明了两位外国动植物学家对景东的痴恋，更加反衬出景东的景色之优美举世无双。

延伸思考

1. 哀牢山为什么被称为"天然物种基因库"?

_____

_____

2. 简述本文主题。

_____

_____

3. 简述作者引用刘站长那段话的用意是什么?

_____

_____

第二辑 北面山河

　　登上灵霄塔，远眺无定河，"可怜无定河边骨，犹是春闺梦里人"，这悲壮又凄美的诗句，立刻涌上心头。"无定河边暮笛声，赫连台畔旅人情。函关归路千余里，一夕秋风白发生"，同样令我登高望远，心中生悲。

【2020—2021 学年天津市武清区杨村一中高二（下）期末语文试卷】
阅读下面的文章，完成下列小题。（16分）

北面山河

①当我来到陕北的榆林横山，目睹"龙隐之脉"横山山脉穿过黄土高原横亘天际，亲见无定河淌过塞北沙漠漫延横山全境，我对这片土地充满了敬畏。陕北的深冬季节，让我感觉犹如置身于西伯利亚般寒冷，峁塬上表草枯黄，刺骨寒风将我的脸抽打得生疼。我瑟缩在超厚的大棉袍里，循着时间的线索，探听四散于大地之上的历史回响。

②踏足横山这座古城，古堡古寺很多，建筑艺术一脉相承。始建于明代的响水堡龙泉大寺，是横山规模最大的寺庙，其名源于寺内的龙井。响水堡盘龙寺用名遢迩，史志记载，盘龙山"横江怪石，盘绕无定河边，远望若踞河中，石如盘龙，故名"，盘龙寺因山得名。然而，比起大名鼎鼎的波罗堡接引寺，龙泉大寺和盘龙寺就逊色多了。

③波罗，山环水抱，万壑朝宗，秦直道纵贯其境，无定河流贯其境，古长城横贯全境；波罗，北魏建城，明初建堡，城堡雄踞大

漠边关,崛立无定河畔,坐落长城脚下。波罗的来头不得了,《怀远县志》记述:"波罗堡西山石峻起,上有足形,一显一晦,俗传为如来入东土返西天之所,故构接引寺,供如来像于其中。"黄云山上的波罗,弥漫着佛光紫气,乃"佛掌上的明珠""来自天国的地方"。

④然而,波罗不只有香火,还有战火;不只有诵经,还有杀伐。所以,在凝紫、重光、凤翥、通顺这四座城门里,既建有五帝楼、三官楼、魁星阁、城隍庙、老爷庙等佛道庙宇,也建有总兵关、中协署、参将府、守备署、炮台、箭楼、钟楼等军事设施。座座城门,气势恢宏;处处城楼,尽显峥嵘。

⑤我非常喜欢波罗的建筑风格,不雕龙画凤,不金碧辉煌,大气不失精致,简约而又典雅。整座城堡呈灰色基调,有佛门静穆之气,宜于安放心灵。

⑥无论手持玉帛者,还是手持干戈者,无论是无神论者,还是虔诚的佛教徒,这些帝王都有波罗情结:李继迁驻军于此;李元昊奉佛教为国教,将接引寺定为国寺,将波罗作为粮仓"金窖";康熙大帝御驾亲征噶尔丹时,专程绕道波罗驻跸礼佛,御笔亲题"接引寺";乾隆皇帝为接引寺御书"慈悲千古",并特赐匾额;嘉庆皇帝钦遣御用红绸,上书"奇佛一座,万古留传"……

⑦登上灵霄塔,远眺无定河,"可怜无定河边骨,犹是春闺梦里人",这悲壮又凄美的诗句,立刻涌上心头。"无定河边暮笛声,赫连台畔旅人情。函关归路千余里,一夕秋风白发生",同样令我登高望远,心中生悲。

⑧雄伟的高原,巍峨的横山,奔腾的无定河,养育了无数横山儿女,塑造了他们独特的精神气质。榆林地接甘、宁、蒙、晋,又是明清朝廷流放京官之所,历史上多民族的融合,赋予横山人强健的体魄,壮阔绝域对民众人格的潜移默化,使横山人拥有悍勇刚烈的性格。

⑨天辽阔,地苍茫,残阳似血,山峦如画,望着宇宙八荒,听

着天籁之音，心底百转千回，顿生苍凉之感。"念天地之悠悠，独怆然而涕下"，是文人情调的感伤，陕北劳动人民有自己的情感宣泄方式——吼信天游。当孤独的牧羊人，失意地踟蹰在拦羊的崖畔上；当辛勤的庄稼汉，孤寂劳作在空旷的圪梁梁上；当赶牲灵的脚夫，独自行走在荒凉的山道上；当窑前院落的婆姨，思想起离家远行的那个人……信天游就油然而生脱口而出。高亢悠长的曲调，随天而游跌宕起伏；九曲回肠的歌声，唱尽了人生的况味。

⑩横山不仅孕育了粗犷豪放的信天游，更有横山老腰鼓留存于世。老腰鼓，又称"文腰鼓"，根据庙宇石碑的文字存证，它出现的年代可追溯到明代中期。古时戍守长城的士兵，身佩腰鼓作为报警工具，发现敌情即鸣鼓为号。在骑兵阵战冲锋中，也以腰鼓助威，激发将士斗志。打了胜仗，将士击鼓起舞狂欢。边民久居塞上，也习而为之，于是腰鼓逐渐应用于民间娱乐，演变成激昂刚劲、带有军旅色彩的腰鼓艺术。

⑪声声鼓响融入陕北人的血脉。追想当年，陕北儿女在响水堡"闹红"，成立农民讲习所，农民运动开展得轰轰烈烈。之后，数万名横山儿女跟着刘志丹上横山，组建游击队与敌人浴血奋战，游击战争风起云涌，横山开创出红色根据地、诞生陕北第一个红色政权，为创建陕甘宁边区奠定了坚实的基础。后来，载入史册的横山起义（波罗起义），为中共中央转战陕北打开了通道，为建立新中国作出了卓越贡献。

⑫走在横山大地上，脚下是世界上最广最深的黄土，随处可触摸到历史的印痕，随时可感受到历史散发的华光，时刻倾听到那激越昂扬的历史交响。

⑬我对横山高山仰止。

（选自《北京文学》2019年第11期，有删改）

1. 下列对本文相关内容的理解, 正确的一项是 (　　) (3分)

A. 文章首段写作者深冬季节来到横山, 寒风刺骨, 衰草枯黄, 写出了陕北地区的艰苦环境, 奠定了文章感情基调。

B. 文章引用《怀远县志》的记载, 将接引寺的来历与其民间传说关联起来, 写的是接引寺的名气及其文化传承。

C. 文章叙述波罗四座城门时, 详细列举了五帝楼、总兵关等佛道庙宇和军事设施, 主要是表现建筑的气势恢宏。

D. 作者在敬畏中展开文章, 在景仰中收束全文, 表现出横山山水人文使作者情感发生了变化, 思想得到了升华。

2. 下列对本文艺术特色的分析鉴赏, 不正确的一项是 (　　) (3分)

A. 文章以第一人称展开叙述, 带领读者游览横山古城, 领略现实与历史的风景, 给读者带来真实贴切的艺术感受。

B. 文章引用边塞诗中悲壮凄美的诗句, 以实写的手法写出亲人离散的惨境, 引起作者的伤感, 增加了文章的诗意。

C. 文章用因水得名的龙泉寺和因山得名的盘龙寺衬托波罗堡接引寺, 突出了接引寺浓厚的文化气息和深厚的历史底蕴。

D. 文章不以描写自然景色为主, 而是侧重对横山文化、历史的叙写与情感抒发, 使读者受到了历史与文化的精神洗礼。

3. 文章为什么要详细叙写波罗? 请结合文本分析。(4分)

_____

_____

_____

4. 曹丕在《典论·论文》中提出 "文以气为主", "气" 指文学作品的内在精神。请分析文本体现的 "气"。(6分)

_____

_____

_____

塔 畈

名师导读 ▶

文章通过描写塔畈的美景和丰富的物产，表现了作者对这一片美丽土地的热爱之情。通过对民族企业家张祖星为家乡发展搬迁公司到塔畈；副市长时时刻刻想着塔畈的发展和致富；浙大教授不畏艰险把研究项目搬到了田间地头上……赞美了塔畈人民对家乡的真挚的热爱。塔畈人民不畏艰辛，勤劳智慧，一定会将塔畈建设得更加美丽富饶。

大别山的秋天到了,原野色彩斑斓,山峦层林尽染。

这是我第一次走进大别山，来到古皖国封地潜山。潜山古称皖山，潜水古称皖水，潜城古称皖城——安徽简称"皖"即源于此。作为先秦时期就有人类活动的历史文化名城，潜山有着数不清的辉煌历史与灿烂文化，① 素有"皖国古都、二乔故里、安徽之源、京剧之祖、黄梅之乡"的美誉。而我最感兴趣的是王安石、苏东坡曾在此任职为官，印象最深刻的是他们为潜山写下的诗句："野性堪如此，潜山归去来"（王安石），"少年相别老相逢，月满潜山照肺胸"（苏轼）。

事实上，我并未在潜山市区驻足，连就在眼前的天柱山也未能亲近。在淅淅沥沥的小雨中，我们一行人径直奔向了大别山腹地的塔畈乡。塔畈，这个别致的名称，得于山中田畈有座"大圣塔"。塔畈地势藏风聚气，为板仓、万佛湖、天柱山环抱，山水交汇之处岗岭四合。因四周群山如龙腾云天，在久远的古代，塔畈被称为龙山。

② 雨后的塔畈，满目青翠欲滴，空气格外清新。塔畈真是一个美丽的乡村：田野阡陌纵横，村庄屋舍俨然，民居白墙黑瓦，小桥流水人家。虽"芳草鲜美，落英缤纷"，但塔畈并非"不知有汉，无论魏晋"的桃花源，生活在 21 世纪，塔畈人很有经济头脑。塔畈有一个专售菖蒲的迷你市场，让我对这儿的乡民刮目相看。菖蒲是中国传统文化中的灵草，被文人视为"花草四雅之一"，被当成书房清供上品，端午节则家家户户门插菖蒲以驱邪防疫。塔畈人品味不俗。

塔畈早已进入信息时代。塔畈乡"玺承电商产业园"内，手机壳等各种数码产品，分门别类地挂满了货架，款式新颖，琳琅满目。③ 杏花村人张祖星，原本在省城合肥生意做得风生水起，为报效乡梓，毅然将公司搬迁至塔畈村，很快吸纳 20 多家电商入驻，带动周边村民就业，助力山乡脱贫致富。曾任天水市委常委、副市长的作家李晓东，总是一副使命在肩的模样，在风

❶ 引用诸多美誉说明潜山文化的辉煌、历史的悠久，也反映了潜山人民的艺术才能和聪明智慧。

❷ 本段写出塔畈如世外桃源般幽静美丽的田园风光和塔畈人聪明智慧的经济头脑。

❸ 农民企业家为了建设自己的家乡，毅然将公司搬迁至家乡，体现了他们对家乡的热爱。

光绝美的塔畈板仓省级自然保护区，在这片有着野生珍稀动植物金钱豹、金钱松的华东秘境中，一边气喘吁吁登山，①一边向塔畈乡领导献计献策：利用手机配件，打造"塔畈手信"……

❶ 此句说明塔畈领导人心系民生，时时刻刻关心民生问题，想着如何给人民带来最大的经济效益。

杏花村与塔畈村相邻，穿流塔畈乡的塔畈河、彭家河，就在杏花村汇聚。在塔畈河畔，一个外形似老农气质却儒雅的大汉，对我们的领队左瞅右瞅，欲言又止，把这位一向超逸洒脱的沪上名流看得很不自在。过了一会儿，两人几乎同时喊了起来：②"韩可胜！""储张杰！"原来两人是潜山野寨中学同窗，失联40年后竟在故土重逢，引发一片欢呼连同唏嘘。这还能不喝上几杯？酒酣耳热之际，两人互揭老底，你说我暗恋校花，我说你痴迷班花……在大家的哄笑中，央视《味道》栏目组到来，"农家乐"里更加热闹。《味道》栏目组专为"塔畈石斑鱼"而来。此鱼学名光唇鱼，只有一根手指粗，肉质细腻鲜美无比，韩可胜先生大呼"人间至味"，可惜只能野生野长于塔畈。③为造福家乡也造福食客，浙江海洋大学水产养殖系储张杰教授返乡创业，带领一群自己栽培的硕士生扎根于塔畈，历经数载，寒来暑去，终于攻克渔业科技领域的"哥德巴赫猜想"难题，人工繁殖出强农富渔的大别山光唇鱼，并在乡间展开实地教学，"把论文写在田野大地上"。塔畈河连接着外部世界，向长三角输送着蓬勃生机。

❷ 将同窗久别重逢的亲切欢快场面描绘得绘声绘色。

❸ 叙述描写，用储张杰教授的事迹告诉我们要有梦想，还要有为梦想不怕困难、不畏艰险的实现梦想的精神，只要坚持不懈，没有实现不了的梦想。

④在潜山市地图上，塔畈状如一枚茗叶。塔畈正是中国名茶之乡。潜山种茶历史悠久，潜山茶叶色绿形美、香郁味醇。自北宋沈括始，几乎历朝历代都有赞美潜山茶的诗词。现如今，"彭河牌""天柱仙芽""天柱剑毫""天柱毛毛月"等系列茗茶香飘万家。塔畈茶

❹ 详细描写潜山茶的特点。把塔畈比作茗叶，说明塔畈如茶，茶如塔畈。

更是名声在外,北宋乐史《太平寰宇记》记载其为贡品,清代文人罗庄著诗赞其"山茶风味犹堪夸"。无论时光如何流传,无论朝代怎样更替,一年又一年,塔畈茶花如期绽放,一代又一代,塔畈茶人守望家园。一座座美人髻般的茶园,一圈圈五线谱般的茶垅,造就茶博会金奖产品"塔畈"牌白茶,造就远近闻名的"生态茶乡"……塔畈人借自然之手、洒辛勤汗水,建造自己的美好家园,创造自己的幸福生活。

延伸思考

1. 简述本文主题。

_____

_____

2. 文中说到张祖星有什么用意?

_____

_____

3. 塔畈的茶有什么特别之处。

_____

_____

登黄山记

名师导读 ▶

　　五岳归来不看山，黄山归来不看岳。黄山征服了自轩辕黄帝以来的一代代文人墨客，"我"前往黄山有一种游子想回家的感觉，是那么的迫不及待。让我们跟随作者的脚步一起去感受一下黄山都有哪些吸引力吧！

　　走出合肥高铁站，跳进一辆夫妻合开的出租车，讲好了价钱上黄山。

　　貌似忠厚老实的司机，不一会儿工夫，"老司机"本相尽显。也怪我途中多嘴多舌，忘了"言多必失"的古训，被"老司机"瞅准了软肋，他唾沫横飞地推介起九华山，他老婆也不断聒噪，夫唱妇随，大有不达目的决不罢休之势。实在经不住他们的摇唇鼓舌，我败下阵来，出租车转而开往池州方向。不得不佩服"老司机"看人下菜的本事。① 话又说回来，观世音和地藏王是中国老百姓最为尊崇的两位菩萨，因为观世音菩萨大慈大悲、救苦救难，地藏王菩萨含藏无量善

❶ 看似是被"老司机"套路，实则是自己心之所向。也说明佛教文化影响深远。

根种子，因而，九华山是我久仰的佛教圣地，早就发愿要前往朝拜，这回能偿夙愿，也是机缘已到。

"众生度尽，方证菩提；地狱不空，誓不成佛！"当地藏王菩萨大誓愿映入眼帘，我的泪水情不自禁夺眶而出。在九华山天台峰天台禅寺抽到一支上上签，使我对地藏王菩萨更是一阵顶礼膜拜。

现在，中国佛教四大名山普陀山、九华山、峨眉山、五台山，我全都拜谒到了！

春风得意马蹄疾。马不停蹄奔下山，快马加鞭往黄山。蜚声中外的黄山"四绝"——①氤氲飘忽的云、迷离缥缈的雾、绮丽多彩的霞、苍劲青翠的松，诱惑了我多少年啊，"四绝"之首的奇松（古人云"黄山之美始于松"），曾几度在梦中向我招手，②能不"归"心似箭吗！

"老司机"夫妇把我拉进黄山的宾馆时，已是后半夜。

清早五点半，被叫醒服务叫醒，酒店服务生告知参加的黄山一日游旅行团，七点钟要赶到缆车站等候上山。

启明星还在天空中闪烁时，缆车站早已人头攒动、人声鼎沸。③我们团队在导游的示意下，在缆车站公安干警的掩护下，鼓足干劲力争上游，过五关斩六将，总算闯到了比较靠前的位置。

很快，每个人都被前后左右夹成面饼，动弹不得又无可奈何，只有在感到呼吸困难时，才费尽力气试图转动身体。有几个脾气火爆的，怨声载道、出言不逊，差点打了起来，好在事态及时得到了控制。当然，这种外力促成的紧密无间，对情侣来说

❶ 将黄山的"四绝"——云、雾、霞、松写得美轮美奂，也显示了大自然的神奇魅力。

❷ 比喻和反问修辞手法的运用将我想一睹黄山奇松的迫切心情体现得淋漓尽致。

❸ 两个比喻句的运用把缆车站人山人海的景象描绘得惟妙惟肖。也把作者钻过人与人之间狭小的缝隙，努力往前钻的行为刻画得如在眼前一般。

正中下怀。我左边的一对年轻恋人，就很善于因势利导，让大家没法不"羡慕嫉妒恨"。右边不远处，两位北京侃爷谈笑风生，嘴皮耍得那个溜，活像在说相声，我竖起耳朵，听得乐不可支，再不觉得时间漫长难熬。

总算得到行动号令，被挤成一堆失去队列的人群，开始以蜗牛爬行的速度，一点一点向前蠕动。

❶ 一个简单的比喻形象地说明了黄山天气变化之快，也总领下文，为下文描写旅途中突遇大雨埋下了伏笔。

有句俗话说：① "黄山的天气是孙猴子的脸，说变就变。"果然。我们好不容易挪到了缆车入口，刚才还阳光普照的天空，突然间就乌云翻滚。景区管理员宣布：马上有电闪雷鸣大雨降临，为防缆车上的进口零件出故障，索道缆车停开。这是什么逻辑啊？人群一阵骚动，骂声彼伏此起。已经站立了整整三个小时的我们，现在临门而不能入，自是火冒三丈。然而，当我们听到脑后一片愤怒的叫骂声，回头看到黑压压一片望不到边际的脑袋，心理优势使得我们立刻换上了另一副嘴脸。②尤其是，当看到门槛里面的候车者因内急不得不哀求门卫放他们出来，看到他们使出浑身解数突出重围的可怜样，再联想一下已经上山者的落汤鸡模样，正处在"进可攻，退可守"黄金位置的我们，一个个开始面有得色。

❷ 生动形象的心理描写，增加了文章的趣味性。

下午一点半，终于传令让我们登山。我回头看了看后面那些不知还要等多久的人，不由心生怜悯。亲们，祝你们好运哪。

❸ 用一组排比句说出黄山贯穿古今的魅力，可见大自然鬼斧神工般的奇美壮丽。

啊，千岩万壑的黄山，高风峻骨的黄山，你真是太美了！③难怪轩辕黄帝对你一见倾心（黄山因黄帝而得名）；难怪你被誉为"天下第一奇山"；难怪大画家刘海粟借用古人诗词赞叹你"岂有此理，莫名其妙，说也不信，到此方知"。你的奇美壮丽，由"五岳归来不看山，黄山归来不看岳"一言而尽，我哪还敢用陈词滥调来描述你，只想尽量多拍些照片，把你的美尽情地摄入镜头，让你永远定格在我的相册中。

哗哗哗！一阵雨点砸下来，四周顿时兵荒马乱，所有的照相机都被收起来了，所有的雨衣（大一统，黄颜色）都被穿上了。无处藏身，大家只能守在原地不动，眼巴巴等着雨住。然而半小时过去了，雨非但没停，反而越下越大。苍穹一片昏暗，人群一阵恐慌。

在导游的导引和带领下，我们冒着大雨踏上归途。其他团队一拨拨尾随而来。

什么展翅欲飞的凤凰松、神奇祥瑞的麒麟松、悱恻缠绵的连理松、低吟浅唱的竖琴松、国之瑰宝迎客松，这回统统无缘得见；什么黄山绝顶莲花峰、黄山绝胜玉屏峰、宛如初莲的莲蕊峰、黄帝飞天的炼丹峰、瑰丽壮观的光明顶、卓绝云际的天都峰、"真正妙绝"狮子林，一切都是浮云。更有那心仪已久的"梦笔生花"（相传李白掷下的毛笔，化成一座笔峰，峰顶奇松如花，故名"梦笔生花"。传说文人墨客若文思枯竭，只要到此一游，便会茅塞顿开妙笔生花），作为一个舞文弄墨者，错过这般殊胜妙景，就像错失了与情郎的幽会，心情有多沮丧可想而知。

好在我很快就调整了情绪。对于不能改变的事实，除了平静地接受，还能怎么样呢？那就一门心思观泉赏瀑吧。山泉和飞瀑，本就是黄山之美景，现如今正好，不用特地奔赴断崖峭壁之间，处处是山泉，时时见飞瀑，不亦快哉。

所谓"一念地狱，一念天堂"。

老天爷似乎是为了成全我，雨越发下得大了，成了倾盆大雨。山泉和飞瀑，越来越壮观。听得见山洪的轰鸣声，但我不敢抬起头来，略一抬头，就会被雨水打得睁不开眼睛，何况，黄山的路径只容得一个人立身，本就"走路不看景，看景不走路"，行者稍一停步就要堵住后面的人，因而也就堵住了正在行进的千军万马，我可不敢造次。当然，^①人人都和我一样，不敢心有旁骛，只顾低头赶路。每个人都被淋得透湿，每走一步，灌满了水的鞋子就吱呀一声。那一对情侣再也顾不上缠绵，那两个北京侃爷早被大雨封住了嘴巴。整座黄山上只能见到一种状态：人人低头赶路；但能听见三种声音：轰隆、哗啦、吱呀。

不知走了多长时间，雨渐渐小了，我敢抬头挺胸了。斜风细雨中，我抬起眼睛前瞻，只见一条黄色长龙在青翠的山谷中上下起伏，我扭过脖子回望，眼中景象并无二致。想到大家"来自五湖四海，为了一个共同的目标，走到一起来了"，因为共同遭遇这场黄山大雨，从而有着终生难忘的集体记忆，我不由失声大笑，笑得花枝乱颤。

^②歌德说过："人之所以爱旅行，不是为了抵达目的地，而是为了享受旅途中的种种乐趣。"正是，正是！

晚上六点，雨住了，我也回到了酒店，本人本次黄山之游到此结束。

---

❶ 人在大自然面前是多么的卑微、渺小，一场暴雨既冲走了人们赏景的心情，又增加了登山的难度。

❷ 引用歌德的一句话，道出了人们爱旅行的原因，一如我们的人生，正是那些不确定的乐趣吸引着我们不断前进。

延伸思考

1. 作者对黄山"四绝"的描写有什么意义?

_____

_____

2. 文中作者详细描写旅途遇到大雨后心理有哪些变化?

_____

_____

3. 简析本文写作特点。

_____

_____

天赐玉山

名师导读 ▷

大自然恩赐的名山秀水，世界三大生态系统玉山以其独特地质条件，神秘莫测的天河，澄澈剔透的三清河水，峰峻谷幽、怪石林立的三青山，让人意乱情迷的金沙滩，避暑胜地怀玉山……吸引着历代的文人墨客畅游于此，留下了无数的文学作品；文人墨客的游历感悟使玉山更加迷人、更加广为人知，所以吸引了更多的人来此体验美景、感悟人生……

❶ 拟人手法的运用将玉山秋韵不愿离开的情景描绘得十分生动。这里独受大自然的偏爱，所以如同被寒冷遗忘一样，秋景怡人。

北方已进入凛冽寒冬，①秋韵还在玉山徘徊，藏在林中、凝在叶上、飘在天空、落在花间。

千年古邑玉山，雄踞江西东大门，以境内有怀玉山得名，历史源远流长，文化积淀深厚，文人墨客遗留的观光游记、诗词、歌咏数不胜数，其中以"冰为溪水玉为山""半江青山半江城""水含金沙山怀玉"，最能道其神髓；近代著名文学家郁达夫誉之"东方威尼斯"，更使其美名远扬。

玉山外揽山水之秀，内得人文之胜。集中国山川之美的玉山，不仅风景星罗棋布，多名山秀水，且人文荟萃，多名胜古迹。"唐、宋、元、明、清，从古看到今"：[①]唐阎立本墓，宋怀玉书院、端明书院，元"青花云龙纹象耳瓶"，明文成塔、状元牌坊、红石条城墙，清童生考棚、旌德会馆。还有民国时期的机场，以及武安山东麓的南宋行宫遗址、名震遐迩的东岳庙……——见证着玉山昔日的繁华与辉煌。地球上有三大生态系统：湿地、森林、海洋，玉山有三清山世界地质公园，有怀玉山国家森林公园，有信江源国家湿地公园，三居其二。

漏底村，名字让人感觉很神秘，缘于地下有天河，因而村庄从未被洪涝肆虐过。她遗世独立、静谧从容、本色天然，让我一见动心。村头有沉寂千年的青岩石壁，村里屋前舍后山花烂漫、遍地野果、鸡鸭成群、童子嬉戏。原生态的漏底村，就是一个桃花源。

[②]金色的阳光从云层间洒落，照耀着澄澈剔透的三清湖水，湛蓝的湖面，犹如一匹闪闪发亮的绫罗绸缎。看着湖水荡漾的光影变幻，我想起梭罗的瓦尔登湖，明白了他为何要弃绝浮华回归自然。湖中有连绵十里的溶洞群，有佛教圣地少华山，让我联想起韩国经典影片《春夏秋冬又一春》，它演绎的就是一个湖心小岛上的悲欢离合，以四季更替阐释人生无常。

[③]"三清第一景"天梁，既勾连三清山，也连接漏底村，还有地下暗河与三清湖相通。天梁山峰峻谷幽、怪石林立，石门天梁雄伟壮观，暗河溶洞神秘莫测，民间传说丰富多彩，历来为文人雅士向往。据史书记载，状元洞旁原有洞底松一株，宋高宗赵构曾为之写下《题

❶ 列举玉山众多的名胜古迹，昭示着玉山的悠久历史和灿烂文化，这是玉山人民辛劳和智慧的结晶，是劳动人民的伟大成就。

❷ 此处比喻修辞的运用使湖面的平静、清澈、闪闪发光显得美轮美奂。静谧的湖水更是让人向往。

❸ 环境描写。天梁山奇峰怪石、暗河溶洞的壮观景象，显出了大自然的鬼斧神工。

汪状元涧底松》，御题我国历史上最年轻的钦点状元、玉山人士汪应辰。

走出天梁，泛舟金沙湾。弯弯曲曲缓缓流淌的金沙溪，河水波光粼粼，两岸茂林修竹，芦苇成片、水鸟成群，让人如临仙境。树林里造型各异的枝干，倒映在水中的树影，横在溪流上的拱桥，还有岸边浣洗的村妇和写生的学子，共同构成一幅美丽生动的江南水乡画卷。

怀玉山之名来自"天帝遗玉"。怀玉山与三清山山脉相连，山顶玉峰被誉为"中国的普罗旺斯"，是难得的避暑胜地；①山间有朱熹手书"蟠龙岗"摩崖石刻，有赵佑手题"高山流水"摩崖石刻；山下有金刚峰法海寺，寺旁有与江南四大书院齐名的怀玉书院，朱熹曾于此讲学并著述《玉山讲义》。怀玉山还曾是闽、浙、赣革命根据地，是方志敏烈士的蒙难地，是中国共产党清贫精神的发源地。怀玉山也矿藏丰富，盛产青石板材———一种世界稀缺矿产。

②王安石、陆游、费宏、杨万里、顾况、郭劝、戴叔伦、王宗沐……一干文人墨客，对玉山不吝赞美，留下了大量诗文和摩崖石刻；"众里寻他千百度，蓦然回首，那人却在，灯火阑珊处"，这不朽诗句是辛弃疾在玉山写就的。

③文人墨客流连驻足玉山，书画大家阎立本却是将身家性命奉献给了玉山，这位画出过传世名作《步辇图》《历代帝王图》的唐代宰相，对玉山一见倾心，竟至于抛却荣华富贵隐居于此，在此地悟无为参佛法，将一切财物捐与僧人，后由六祖惠能将其宅院改建成江南名刹普宁寺。普宁寺环境清幽、风景秀丽，寺前，冰溪河似环形玉带，绕武安山潺潺流过。阎立本去世后，

① 排比手法的运用，说明了此处遗址、遗迹之多，更加说明怀玉山的文化源远流长。

② 列举历代文人对玉山的赞美更显玉山美景的独特魅力。正应了那句"美景无文不成景"。

③ 描写书画大家阎立本对玉山的痴迷，显现了玉山独特的魅力，也给玉山蒙上了一层神秘面纱。

僧人将其墓筑于普宁寺后百余米处。

玉山如此多娇，引无数英雄竞折腰。玉山是江南重镇，位居闽、浙、赣三省要冲，"两江锁钥，八省通衢"，自古乃兵家必争之地。元末徐寿辉、陈友谅，太平天国石达开、李秀成，清代左宗棠等人，都曾踏上玉山，留下足迹。

儒的博大、道的紫气、佛的灵光，皆汇聚于玉山，多元文化在此激荡融合，玉山兼容并蓄传承创新，因而造就出往昔的"中国翰林第一村"、当今的全国"博士县""才子乡"。玉山得天独厚，玉山生机勃勃。天赐玉山，祝福玉山。

延伸思考

1. 作者描写金沙湾如画美景有什么意义？

_____

_____

2. 怀玉山魅力在哪儿？

_____

_____

是为文成

　　本篇文章借刘伯温而知温州文成，因温州文成而更知刘伯温。繁华看尽反想返璞归真。我是这样，刘伯温何尝不是这样，世间的芸芸众生又何尝不是这样？文章借助朱元璋、明武宗以及刘伯温家乡的老百姓对他出神入化的传说和演绎，写出了刘伯温在辅助朱元璋推翻元朝、消灭群雄、建立明朝的历史活动中发挥的巨大作用。他文韬武略、神机妙算、上知天文、下知地理，简直是神一般的人物。但即使是这神一样的人物，最终也难逃鸟尽弓藏的命运，所以自求隐退后不免有了出世的想法，感觉一切最终成空，所幸退隐之后留下了许多不朽的文学作品，通过《四库全书总目提要》《明诗别裁》《明史》等对刘伯温的高度评价使我们更加清楚刘伯温的文学成就。通过对刘基遗址、遗迹的描写，说明后人对他的敬重。最后用对"永恒"的解读反驳了"一切成空"的出世思想，认为文化、文学、文成是永恒的。再次肯定刘伯温的卓越贡献。

① 沧桑阅尽，会感觉到微笑的苍白；世态看尽，会越来越向往单纯。即便是出游，我现在也不喜"烟柳繁华地，温柔富贵乡"，而更倾心于巍巍高原、莽莽群山、苍苍大漠、茫茫草原……

但是，温州文成吸引了我，因为它是大明王朝第一谋臣刘伯温（刘基）的故乡。② 刘伯温，世人比之诸葛亮，朱元璋则多次称其为"吾之子房也"，赞其"学贯天人，资兼文武；其气刚正，其才宏博。议论之顷，驰骋乎千古；扰攘之际，控御乎一方。慷慨见予，首陈远略；经邦纲目，用兵后先……凡所建明，悉有成效"。

刘伯温吸引我，因为他文韬武略：政治家、军事家、思想家、文学家、法学家、道学家，因为他功勋卓著：③ "三分天下诸葛亮，一统天下刘伯温"，因为他自有风骨："疾恶如仇，与人往往不合"，因为他扑朔迷离、早慧神童、洞悉天机、神机妙算、运筹帷幄、英雄落幕、结局离奇、后主追赐、民间神化。

"后主"明武宗对刘伯温推崇备至："慷慨有志，刚毅多谋，学为帝师，才称王佐""占事考祥，明有征验；运筹画计，动中机宜"，称其为"天下策士无双，开国文臣第一"，故"今特赠尔为太师，谥号文成"。

经天纬地为"文"，安民立政为"成"。刘伯温，令人仰止。刘基家乡，从此定名，是为文成。

中秋前夕，我来到文成南田，走进了刘基故里。华夏子孙过中秋吃月饼的习俗，来自于江南人纪念八月十五杀鞑子，民间流传杀鞑子是刘伯温策划的，这个说法难以考证，但足以说明刘伯温有多么深入民心。④ 在民间传说中，刘伯温是神人、先知先觉者、料事

❶ 两个排比句说明了作者阅历的丰富，也揭示了人们向往最初的本真的共同愿望。洗尽铅华，方见真心。

❷ 借朱元璋对刘伯温的评价写出了刘伯温的博学多才、文韬武略、刚正不阿、远见卓识等。

❸ 作者对刘伯温的高度赞美，他功勋卓著、他自有风骨、他扑朔迷离。任何一项都是我们遥不可及的，他是神一样的人物，为后文埋下伏笔。

❹ 引用老百姓的传说和演绎，把刘伯温在百姓心中神一般的地位写得酣畅淋漓。

如神的预言家，"上知天文，下知地理，前知五百年、后知五百年"，老百姓甚至演绎出神话故事：刘伯温本是玉帝身前的天神，元末明初天下大乱，战火不断、饥荒遍地，玉帝便令刘伯温转世辅佐明君，以定天下、造福苍生。所谓"明君"，即大明王朝开国皇帝朱元璋。

历朝历代的开国元勋，有些人固然能得高官厚禄，有些人却逃脱不了"狡兔死走狗烹，飞鸟尽良弓藏"的魔咒。以杀伐起家的明太祖高皇帝，对大功臣不会那么温良恭俭让，①好在刘伯温未雨绸缪，决意远离庙堂远遁江湖，故乡的山河大地接纳了他。据《洞天福地记》载，"古称七十二福地，南田居其一"，南田位列"天下第六福地"。刘伯温写诗如此赞美乡土、乡亲、乡俗：

> 我昔住在南山头，连山下带山清幽。
> 山巅出泉宜种稻，绕屋尽是良田畴。
> 家家种田耻商贩，有足懒登县与州。
> ……
> 东邻西舍迭宾主，老幼合坐意绸缪。
> 山花野叶插巾帽，竹箸漆碗兼瓷瓯。
> 酒酣大笑杂语话，跪拜交错礼数稠。

"南山头"乃"万山之巅，独开平壤数十里，号南田福地"。

此诗画面生动，有清奇之气。我在刘基故里读到其诗作《春蚕》，含义深远，乃其境遇自况：②"可笑春蚕独苦辛，为谁成茧却焚身。不如无用蜘蛛网，用尽蜇虫不畏人。"《即事》一诗，低沉消极，令人心情

① 刘伯温远见卓识，他知道伴君如伴虎，所以选择退出官场，历史证明他是非常明智的，能做到急流勇退也是一种大智慧。

② 引用刘伯温诗句表现他对自己一生的感叹。如春蚕一般到死方休，为别人做嫁衣，不如潇洒自在的做一个庸庸碌碌之人。

郁结:"春半余寒似暮秋,掩门高坐日悠悠。树头独立知风鹊,屋角双鸣唤雨鸠。芳意自随流水逝,华年不为老人留。浮花冶叶休相笑,自古英贤总一沤。"《四库全书总目提要》评价刘伯温"其诗沉郁顿挫,自成一家……"清内阁学士兼礼部侍郎、诗论"格调说"创立者沈德潜,在著述《明诗别裁》中,对其评价更高:"元代诗都尚辞华,文成独标高格,时欲追韩杜,故超然独胜,允为一代之冠。"

❶刘伯温有二十卷文集传世,绝大多数重要作品是在"告老还乡"后完成的,其学术醇深文章古茂,《明史》誉之"所为文章,气昌而奇,与宋濂并为一代之宗"。《卖柑者言》一篇,已成经典,"金玉其外,败絮其中"一句,家喻户晓。他还有不少格言警句传世:"大器欲虚,至理欲实。""夫大丈夫能左右天下者,必先能左右自己。曰:大其心容天下之物,虚其心爱天下之善,平其心论天下之事,潜其心观天下之势,定其心应天下之变。"透过这些文字,我感受到一颗丰富的心灵。刘伯温经世致用的文学思想,对于鼎革、振举明初新一代文风举旗开道,为晚明讽刺小品的勃兴也起了先导作用,同时,也使他本人成为举足轻重的诗文大家。

南田现存的明清建筑有刘基故居、刘基庙、参政公祠、忠节公祠、盘古亭、辞岭亭、武阳亭、刘基墓等。后人谒刘基墓诗云"卧龙名大终黄土",让我想起恭亲王那悲凉透骨的诗句:❷"千古是非输蝴蝶,到头难与运相争。金紫满身皆外物,文章千古亦虚名。"刘伯温与恭亲王,诗文与命运何其相似。

不。文章既千古,又岂是虚名?虽说逝者如斯、生命短暂,但人总还是能抓住一些永恒的东西。美国

❶ 此处用列举说明刘伯温的伟大文学成就:家喻户晓的经典名句;学术醇深、文章古茂,被誉为一代宗师;还有许多传世的格言警句。

❷ 感叹攻业与文章皆为身外之物,最终都将归为尘土,也是一种出世思想。

❶ 运用对比的修辞手法说明"不朽"的内涵。人的生命虽然短暂，可是其具有的优秀品质、留世的卓越功勋、富有价值的文章等都是不朽的、影响后人的。

现代哲学家詹姆士有言："不朽是人的伟大的精神需要之一。"① 我的理解，"不朽"，既指向宗教性的永生不死，比如灵魂不灭生命轮回，也指向俗世性的永恒价值，比如"立德、立功、立言三不朽"。刘伯温，就被后人称为"三不朽伟人"，明朝吏部右侍郎兼文史家杨守陈如此评说他："汉以降，佐命元勋多崛起草莽甲兵间，谙文墨者殊鲜，子房之策不见辞章，玄龄之文仅办符檄，未见树开国之勋业而兼传世之文章如公者，公可谓千古之人豪矣。"日本学者奥野纯的评价与杨守陈之说异曲同工："际会风云，平定海宇，既辟一代之规模，又阐一代之文章，盖诚意伯刘公一人而已矣。"真应该感谢那位"明君"，让他冥冥中走上了一条通往不朽的道路，那些弄权得势者又如何，他们有官运没有命运，"尔曹身与名俱灭，不废江河万古流"。

文成还有一大名胜古迹——药师佛道场安福寺，坐落于西坑镇天圣山。安福寺始建于唐宪宗元和三年，四面环山，东有百丈漈、南临飞云湖、西接铜铃峡、北靠刘基故里。佛教与儒、道文化有着深层、内在、高度的契合，那就是：自我修炼、自力解脱。综观刘伯温生平，他正是这样做的，而且做到了极致。传说中最终出家当了和尚的清世祖顺治帝，曾为安福寺亲笔御书"大雄宝殿"；乾隆年间，该寺属皇帝敕封的皇家寺院；光绪年间，"安福寺"石匾刻成，现保存于寺院且完整无损。我猜测，皇恩浩荡于安福寺，与刘基有关，与文成有关。② 因为，忠心正气，千古不磨；因为，辉煌会黯淡，生命会消亡，而文学、文化、文成永恒。

❷ 一个排比句概括了刘伯温影响后世的东西：一个人的忠心正气可以代代相传；一个人的文学成就可以永存，可以千秋万代，影响深远。

延伸思考

1. 作者欣赏刘伯温的哪些方面？

2. 简述本文主题。

扬州慢

名师导读

本文开篇以一组排比句奠定了文章的基调。第一部分描写了扬州的人杰，将扬州的美景尽情地展现出来，同时表达了扬州和文人相映的感叹。第二部分描写了扬州难以置信的自然美景和遍地都是的名胜古迹，并借琼花的传说赞扬了扬州人的不屈精神，为后文埋下伏笔。第三部分描写了历代帝王对扬州的痴爱，同时展示了扬州的园林艺术和人文景观，以及音乐、戏曲、徽腔、京剧的艺术成就。第四部分描写了惨无人道的战争，歌颂了忠君爱国、宁死不屈的爱国精神。第五部分借古人之笔描写了长江广陵潮的盛况。潮涨潮落暗示了扬州盛极必衰的命运，但有扬州儿女的不屈不挠的精神，相信扬州再日繁盛指日可待。

❶ 此处说明扬州出现在文学作品中的次数之多，从侧面说明扬州是一个非常有吸引力的地方。

平生第一次真正意义上的旅游，去的是扬州。❶对于一个文艺女青年来说，扬州是《鹿鼎记》中韦小宝念念不忘的温柔之所，是南柯太守"南柯一梦"

的原生地，是杜十娘怒沉百宝箱后投江自尽的魂断之处。

而今故地重游，仰望平山堂"坐花载月""风流宛在"牌匾，^①心中默默遥祭城郊梅花岭上史可法的英魂，缅怀扬州人志决献身的铁血硬骨。

一

"故人西辞黄鹤楼，烟花三月下扬州。孤帆远影碧空尽，唯见长江天际流。""诗仙"李白的千古绝唱，充满火焰般的力量，古往今来，不断撩起人们对扬州的倾心与梦想。

烟花三月，难免让人浮想联翩。^②其实，在扬州极尽风流的才子，不是豪放不羁的李白，而是诗赋俱佳的杜牧。"街垂千步柳，霞映两重城""十年一觉扬州梦，赢得青楼薄幸名"，是杜郎笔下的扬州；"十里扬州，三生杜牧，前事休说"，是姜夔笔下的扬州才子杜牧。

白居易对扬州"长相思"："汴水流，泗水流，流到瓜州古渡头，吴山点点愁。思悠悠，恨悠悠，恨到归时方始休，月明人倚楼。"哀怨缠绵，情韵无限。

"四海齐名白与刘"。白居易被称为"诗魔"，刘是"诗豪"刘禹锡，两人神交已久，扬州相遇，悲喜交加。席上，诗魔慷慨悲歌，诗豪激昂酬答，"真谓神妙"的千古名句应运而生：沉舟侧畔千帆过，病树前头万木春。

唐时扬州，^③"四方贤士大夫无不至此"，"诗圣"

❶ 作者通过心理描写，赞扬扬州人的铁血硬骨和不畏牺牲的献身精神。表达了作者对英雄的敬仰。

❷ 排比句的运用将杜牧眼中的扬州美景和姜夔笔下的杜牧描写得生动形象。

❸ 表现了当时扬州名扬海内，文人墨客争相来此。可见扬州对人们的诱惑之大。也展示了从古至今人们对于美好事物的追求是不会变的。

杜甫虽不能至但心向往之，"商胡离别下扬州……老夫乘兴欲东流"。

❶ 引用秦观《鹊桥仙》中诗句说明作者追求长久的感情，不在意一朝一夕。也从侧面说明了扬州的文化之盛。

①"两情若是久长时，又岂在朝朝暮暮"，扬州才子秦观的杰作，是我少女时代的爱情座右铭，也慰藉了世间多少痴男怨女的心！

《春江花月夜》，标题就令人心醉，春、江、花、月、夜，集中体现最动人的良辰美景：

江天一色无纤尘，皎皎空中孤月轮。

江畔何人初见月？江月何年初照人？

诗风一反盛唐的雄壮博大，具有幽美邈远的意境，当得起"孤篇盖全唐"，所以被闻一多称为"诗中的诗，顶峰上的顶峰"。作者张若虚，也是扬州人。

❷ 著名文学巨匠对扬州的描写使得扬州名气更盛。正应了那句"山水无文难成景，风光着墨方有情"。

到了宋朝，欧阳修、苏东坡、王安石，三位文坛领袖、诗坛巨擘，都有济世安邦之才，竟前赴后继任职于扬州，真是扬州的造化。②欧阳修名句"平山阑槛倚晴空，山色有无中"王安石名篇《泊船瓜州》，还有黄庭坚的《过广陵值早春》……都使得扬州四海扬名。

扬州，怎样的物华天宝，怎如此这般地灵人杰？

❸ 花木一词连说三遍，可见扬州花木不是一般得多。预示了扬州处处花开的繁盛景象。此处还起到引领下文的作用，为下面关于扬州花木的介绍提纲挈领。

二

扬州到处是③花木，花木，花木。

集"北雄南秀"为一体的园林，是扬州人写在大地上的诗篇。清代扬州有"园林之盛，甲于天下"之誉，

《扬州画舫录》谢溶生序文描写了当时盛况："增假山而作陇，家家住青翠城闉；开止水以为渠，处处是烟波楼阁。"

扬州四季花开，柳媚花娇。"扬州芍药冠天下"，寒冬蜡梅吐芬芳。扬州琼花，冰肌玉骨，"维扬一株花，四海无同类""东方万木竞纷华，天下无双独此花"。<u>①</u> 宋仁宗曾把琼花移植到汴京御花园，花儿不久就枯萎了，送还扬州后，复茂如故。琼花被宋孝宗移往临安宫中，很快便憔悴，归还扬州后，鲜活如初。到元世祖时，蒙古大军攻破扬州，琼花当即亡故。各种神奇传说，使琼花愈显神秘，琼花令天下人称奇，令扬州人自豪。

❶ 对琼花的细节描写，为琼花戴上了一层神秘的面纱，也暗示了扬州人爱自己的故乡。

千年古刹大明寺名扬天下。汉白玉须弥座"唐鉴真大和尚纪念碑"，是寺中最著名的文物古迹，由梁思成设计，郭沫若、赵朴初分别书写碑名和碑文，被誉为"三绝碑"。鉴真大师，扬州籍僧人，曾在大明寺修行，以年迈之躯，十二年里六次渡海，历尽艰险、劫波，甚至双目失明，信念始终颠扑不灭，六十六岁时终获成功。<u>②</u>鉴真将中国佛学、医学、文学、建筑、雕塑、书法、印刷等介绍到日本，被日本人民尊为"文化之父""律宗初祖"。

❷ 总结上文。鉴真大师对日本文化影响之大可以说是涉及方方面面。

由欧阳修建造的平山堂，坐落于大明寺内，③"衔远山，吞长江，其西南诸峰，林壑尤美；送夕阳，迎素月，当春夏之交，草木际天"，秦观赞其"游人若论登临美，须作淮东第一观"。

❸ 引用诸多名句，将平山堂的峰高壑美、草木茂盛的美景写得形象生动。

平山堂对面，二十四桥若隐若现。《扬州鼓吹词》

曰："是桥因古之二十四美人吹箫于此,故名。""二十四桥明月夜,玉人何处教吹箫?"杜牧妙笔生花,一笔勾勒出诗情画意。曹雪芹借黛玉思乡之情,一抒心中扬州梦,在《红楼梦》中写道:"春花秋月,水秀山明,二十四桥,六朝遗迹……"毛泽东偏爱杜郎诗作,特手书诗碑,该石碑立于二十四桥景区主建筑熙春台东。

虽说有举世无双的琼花,有举世闻名的月亮,然而,论名气之大、影响之广,扬州风景名胜之最,首推瘦西湖。①瘦西湖是扬州的名片。"也是销金一锅子,故应唤作瘦西湖",便是"瘦西湖"美名的由来。瘦西湖垂杨十里、暗香浮动、画舫笙歌、涟漪荡漾。

难以置信的自然美景,遍地皆是的名胜古迹……扬州何其幸也。

① "名片"一词说明瘦西湖对于扬州的重要意义。

三

②隋炀帝痴爱扬州,做梦都与扬州纠缠不清,梦醒后诗云"我梦江都好,征辽亦偶然"。民间戏称他痴迷琼花,为一睹其仙姿,开凿大运河,三下扬州,大造迷楼,极尽奢华。演义戏言固然不值得采信,但大运河的开辟,使扬州成为陪都,一跃成为全国政治、经济、文化中心,而年轻、"天下称之为贤"的隋炀帝,却误了卿卿性命,被缢死并葬于扬州。这是他的命定,是他与扬州的孽缘。可怜隋文帝开创的"开皇之治",二世而斩。

"尽道隋亡为此河,至今千里赖通波。"之后的唐、

② 通过细节描写,写出了隋炀帝穷奢极欲的生活,不过正是隋炀帝的任性成就了扬州。他开凿大运河对南北地区之间的经济、文化发展与交流,特别是对沿线地区工农业经济的发展起了巨大推动作用。

宋、元、明、清，大运河一直是国家的运输主动脉，也为扬州带来了上千年的繁华。①"为后世开万世之利，可谓不仁而有功者矣"，算是对隋炀帝较为客观的盖棺论定。

正是隋朝的铺垫，成全了唐时扬州的绝世繁华——"天下之盛，扬为首"。《资治通鉴》写道："扬州富庶甲天下，时人称扬一益二。"清代扬州"采铜以为钱，煮海以为盐"，依然流金泻银奢华绮靡，"广陵繁华今胜昔"。沈复在《浮生六记》中如此盛赞扬州："奇思幻想，点缀天然，即阆苑瑶池、琼楼玉宇，谅不过此。"

所以，清朝皇帝酷爱往扬州跑。康熙六巡江南五下扬州，每次必到蜀冈，御题"蜀冈云淡山光近，江渚潮分水脉清"，他也必访名刹，留下诗篇《幸天宁寺》。②乾隆六到扬州，九次游览大明寺、平山堂，留下大量诗篇、对联、福字、匾额、碑刻。这个风流皇帝对扬州的偏爱，到了无以复加的地步；为了讨得乾隆欢心，富甲天下的扬州盐商，一次次建造园林、修缮行宫，使得从瘦西湖到平山堂"两堤花柳全依水，一路楼台直到山"。道光皇帝，虽说才学不如祖上康熙、雍正、乾隆，也还是有样学样，在瘦西湖畔平远楼留下墨宝"印心石屋"，留存至今。

从那些具烟火气息的老字号里，也能解读出清代扬州的繁华。谢馥春，中国第一家化妆品企业，创立于道光年间，获过国际金奖；扬州美食，曾令苏东坡绝倒，清朝时登峰造极，"涉江以北，宴会珍错之

❶ 引用后人对隋炀帝的评价，说明了隋炀帝开凿大运河对后世的贡献。

❷ 描写乾隆对扬州的偏爱以及由此引发扬州园林的兴建。

盛，扬州为最"；就连扬州酱菜，也是清宫廷御膳小菜。著名红学家冯其庸说："红楼菜实在是扬州菜的体系。"

吴敬梓也对琼花情有独钟，不仅多次来到扬州，还期望死于此地，晚年寓居扬州时常常流连于琼花观，其名著《儒林外史》中，很多内容以扬州为背景，不少人物以扬州人为原型，涉及诸多扬州名物和方言。

"无恙年年汴水流，一声水调短亭秋。旧时明月照扬州。曾是长堤牵锦缆，绿杨清瘦至今愁。玉钩斜路近迷楼。"纳兰容若，这位出身豪门的"清朝第一词人"，写下《红桥怀古》凭吊修禊盛事，只是，格调一以贯之的凄婉忧伤。

扬州也是音乐之城。"春风荡城郭，满耳是笙歌""院院笙歌送晚春，落红如锦草如茵""谁知竹西路，歌吹是扬州"，都是其写照。寻常陌巷，烟柳人家，四处笙歌，清曲悠扬。柔婉优美的民间小调《茉莉花》，就源自扬州清曲《鲜花调》。琴曲《广陵散》，则是我国现存唯一有杀伐之气的古曲，具有很高的思想性及艺术价值；"竹林七贤"的精神领袖嵇康，因桀骜不驯获罪，临刑弹奏《广陵散》，使之成为千古绝响。

一组排比句道出了戏曲之都名不虚传。从汉代到清代都有经典戏剧问世传诵，可见扬州戏曲历史悠久影响深远。

扬州还是戏曲之都。^① 汉代，就有百戏在扬州上演；元代，扬州人士睢景臣的散曲《高祖还乡》，闻名遐迩；明朝戏曲大师汤显祖之作《牡丹亭》《南柯记》，都与扬州有着深厚的渊源。最著名的戏剧，当属清代孔尚任的《桃花扇》——淮扬四年为官治水，使孔尚任深刻认识到现实社会的丑恶，他多次登临梅花岭，拜谒史可法衣冠冢，"借离合之情，写兴亡之感"，成就了戏剧史上的不朽名作《桃花扇》。

追根溯源，扬州亦是徽腔的发源地、京剧的孕育地。

四

① 因其"包淮海之形胜，当吴越之要冲"的地理位置，扬州，自古亦兵家必争之地。吴越之争、秦汉风云、楚汉相争、藩王割据、七国之乱……都曾在这片锦绣江山上演。

还有，徐敬业讨伐女皇帝武则天，就是在扬州起兵；最为吊诡的是，中国历史上两场极其惨烈的抗御外侵战役，都发生在扬州。

金人入侵，宋室南渡，宋高宗逃亡到扬州建立小朝廷苟安，岳飞、韩世忠在扬州与金兵鏖战，尽忠报国"天日昭昭"，却被诬陷残害。辛弃疾举旗反金，"上马杀贼、下马草檄"，却被弹劾落职，他抚今追昔、悼今伤古，写下被誉为"辛词第一"的沉痛雄章，"想当年，金戈铁马，气吞万里如虎……四十三年，望中犹记，烽火扬州路"，倾诉壮志难酬的悲愤，谴责执政者的屈辱求和，其爱国主义思想光耀千秋。

家国飘摇，与"词中之龙"辛弃疾并称"济南二安"的"词中之凤"李清照，以掷地有声、压倒须眉的《夏日绝句》示夫，之后逃难到扬州，寄托她的拳拳家国梦。

② 南宋末年，元兵围攻扬州，南宋名将李庭芝率军坚守城邑，来人招降，一概杀之，对招降榜，一概

❶ 列举手法的运用，说明了扬州战役之多可谓数不胜数。也说明了扬州战略位置极其重要。

❷ 细节描写赞扬李庭芝的精忠报国、誓死卫国的凛然大义；贬斥南宋皇帝卖国投敌、软弱无能、贪生怕死的丑恶嘴脸。

焚之。逃亡中的南宋皇帝竟诏谕劝降，末路英雄仰天长啸"吾惟一死而已"！李庭芝被凌迟，扬州山河同悲。

①李庭芝不是一个人在战斗。他麾下勇将姜才，直捣瓜州，痛击元军。扬州沦陷，姜才"宁为兰摧玉折，不为瓦砾长存"，引颈受刑，忠肝义胆感召天下。"经纶弥天壤，忠义贯日月"的文天祥，亦在扬州与李庭芝有交集，被证得忠义后，领兵抗元，从容殉国，留取丹心照汗青。

❶ 列举李庭芝、姜才、文天祥三人的事例，说明宁死不屈的爱国志士前仆后继，生生不息。

"楼船夜雪瓜洲渡，铁马秋风大散关"，陆游的绝吟，让我感受到扬州的坚硬与悲壮。

面对战后破败的扬州，鲍照"驱迈苍凉之气，惊心动魄之辞"，悲愤挥就《芜城赋》；面对民生凋敝的扬州，青年才俊姜夔，悲伤吟咏《扬州慢》："淮左名都，竹西佳处，解鞍少驻初程。过春风十里……青楼梦好，难赋深情。二十四桥仍在，波心荡、冷月无声。""黍离"之悲，烁古震今。

哀哉，国家不幸诗家幸。

扬州人的铁血硬骨，在明末清初的扬州之役中，表现得淋漓尽致。②吴三桂引清兵入关，清军南下势如破竹，唯独到达扬州时，遭到军事统帅史可法率军民浴血抵抗，誓死不降。清军血腥屠城，史称"扬州十日"。民族英雄，人皆敬仰，南明追谥史公"忠靖"，清廷赠谥其"忠正"，忠烈史公，世代景仰。

❷ 史可法率军民抵抗清军，展现扬州儿女的铁血精神，誓死不降，这是民族精神、民族脊梁，值得人人敬仰。

③琼花，象征着扬州人的不屈灵魂；梅花，象征着扬州城的不挠风骨。

❸ 以花喻人，盛赞扬州人不屈的灵魂、坚韧的风骨。

五

秦汉时期，波澜壮阔的长江广陵潮，是一大名胜奇观，其奔腾汹涌的宏伟景象，使无数文人墨客荡气回肠，留下许多传世之作，① 最早可追溯到西汉大文学家枚乘的《七发》："疾雷闻百里，江水逆流，海水上潮。……荡取南山，背击北岸。"《昭明文选》李善注引《南徐州记》云："京江，《禹贡》京江也……常以春秋朔望，辄有大涛，声势骇壮，极为壮观。涛至江北激赤岸，尤为迅猛。"

东汉王充《论衡》中也提到："广陵曲江有涛，文人赋之。"

魏文帝曹丕看到广陵潮，发出惊叹："嗟呼，天所以限南北也！"可见广陵潮之惊天动地、撼人心魄。

沧海桑田，斗转星移，自唐代中叶以后，广陵潮逐渐销声匿迹。

②广陵潮起潮落，扬州几度兴衰，但历史气息不绝，文化气脉不断。

❶ 借古人的评论将长江广陵潮涨潮时的惊心动魄的场面描写得生动形象。

❷ 潮起潮落比喻扬州的兴衰，历史的必然发展规律——盛极必衰、衰极必盛。

1. 清朝乾隆皇帝六次下扬州对扬州的影响有哪些?

_____

_____

2. 简述本文艺术成就。

_____

_____

第三辑　最高的诗意

　　天地之间，万物祥和。我抬起头仰望天空，天际线退得很远很远，橘红色的太阳高挂苍穹；阳光穿越云朵的缝隙，把壮阔的大海照耀得璀璨无比；湛蓝的海水波光粼粼，散发着迷人的光芒。无边无际的渤海，明天又将翻开崭新篇章，一个新的时代正乘风破浪而来。

作家带你练

【2020—2021 学年山东省聊城市高二（下）期中语文试卷】
阅读下面的文章，完成各题。（16分）

回　望

①在遥远的陕北之北，在苍莽的黄土高原，在浩荡的黄河岸边，有一座独具魅力的历史文化名城——吴堡，吸引着我在一个月内连去了两次。

②最初知道吴堡，因为作家柳青。吴堡是柳青的故乡。对于中国当代文学，柳青和他的现实主义杰作《创业史》，具有引领价值和旗帜意义。

③怀着朝圣般的心情，前往榆林市吴堡县张家山乡寺沟村，那里是柳青故居所在。刚到村口，一幅用柳青说过的话制作的标牌映入眼帘："人生的道路虽然漫长，但紧要处常常只有几步，特别是当人年轻的时候。"心头一颤，驻足，凝眸，五味杂陈。青春年少时，我经常抄写这段话于笔记本扉页，那时候，何曾想过有朝一日竟能在先生故里拜谒先生。

④柳青祖辈，原是大户人家，然而，柳青和兄长背叛了他们的家庭、阶级，弃绝"维新"，追求革命，投奔延安。那是一段激情燃烧的岁月。

⑤陕西，神于天，圣于地；"天之高焉，地之古焉，惟陕之北"。那是一片英豪辈出的土地，那是一片理想主义的天空。

⑥"邑枕黄河"的吴堡，是陕北通往华北的桥头堡。现今的吴堡，有4座黄河大桥连接着秦晋两省。曾几何时，要东渡黄河，只能依靠渡船。半个世纪前，吴堡川口渡口，水浪滔天战船列阵，毛泽东主席率领中共中央机关前委和中国人民解放军总部，在勇敢智慧的吴堡人民齐心协力的支持下，从这儿乘木船东渡黄河、过境山西，前往西柏坡指挥解放战争，中国共产党从此一步一步走向胜利。毛主席转战陕北13个春秋留下的光辉足迹，在吴堡划上一个伟大的句号。

⑦1948年3月23日中共中央东渡黄河，是中国革命史上的闪光点，是中国共产党命运的转折点。延安，是中国工农红军的再生之地；吴堡，则是中国人民解放军的转战出发之地。这是陕北的光荣，是吴堡的荣光。

⑧在渡船上，毛主席一次次恋恋不舍地回望陕北，主席深情回望的照片深深地打动了我。

⑨距吴堡著名旅游景点、壮观的"黄河二碛"不远处，吴堡黄河古渡（川口渡口码头遗址）古旧石碑旁，矗立着吴堡的红色地标"毛主席东渡纪念碑"。一簇簇山丹丹花开红艳艳，在微风中轻轻摇曳。

⑩沿着黄河岸边的崎岖山道，汽车一路颠簸，盘旋而上，在纵横沟壑间和枣树掩映下不断攀高。黄河西岸，吴山之巅，有一座石城环山抱水，蜿蜒盘曲，拔地通天：东以黄河为池，西以悬崖为堑，

南为绝壁天险，北为咽喉狭道。悬崖峭壁下方，黄河滚滚奔腾而去。山上乱石穿空，山下惊涛拍岸。真乃雄奇而险峻、磅礴而壮丽。

⑪这就是黄河文明的璀璨名片、"华夏第一石城"——古吴堡石城。

⑫吴堡扼秦晋之交通要冲，自古为兵家必争之地，凭借石城这一雄关险隘，千余年来，吴堡虽饱经战争创伤，却始终"一夫当关，万夫莫开"，从未被破城。这座固若金汤的军事要塞，抗战时期再立新功，它抵抗住了日寇的侵略，守住了陕甘宁边区东大门，护卫了圣地延安，保卫了党中央。

⑬在此之前，多少英雄豪杰曾在这片黄土地上大展雄才一抒伟略，但都以失败告终。而红军在陕北，以少胜多、以弱胜强，成为世界战争史上的奇迹。

⑭山河之固，在德不在险。

⑮古吴堡石城年代久远，据成书于唐代的《元和郡县志》记载，"赫连勃勃破刘裕子义真于长安，遂虏其部，筑城以居之，号曰吴儿城"。若此说不谬，其当始建于公元418年，距今1602年。

⑯石城不大，占地约10万平方米，作为县府所在，"麻雀虽小，五脏俱全"。不仅设置了县衙、捕署、官仓等官府机构，还建有观音阁、魁星阁、文昌宫等众多庙祠，也有南坛、北坛、校场、点将台、兴文书院等杂糅其中。石砌窑洞与砖木房屋，错落有致遍布全城。庙堂文化与江湖文化，相融并生和谐共存。

⑰登山临水，不禁发思古之幽情；登高望远，进而怀激烈之壮志。元代诗人萨都剌的《念奴娇·登石头城次东坡韵》，不由浮现脑海："石头城上，望天低吴楚，眼空无物。指点六朝形胜地，惟有青山如壁。蔽日旌旗，连云樯橹，白骨纷如雪。一江南北，消磨多少豪杰……"只消换几个名词，何尝不是眼前这座石头城的写照。

⑱城墙的里外墙面均为石砌，条石拉筋、中间土夯，最重的石块一吨有余，普通筑石也多在300余斤，令我惊奇的是在生产力那么低下的古代，劳动人民是怎样"与天斗，与地斗"的？吴堡石城，就像古埃及金字塔，留给人们一个未解之谜。

⑲在石城南门外，有一座石头瓮城。瓮城大门匾额为"石城"，城垣东、南、西、北四门均建有门楼，城门洞顶上对应有"闻涛""重巽""明溪""望泽"四块石匾，皆为清乾隆年间知县倪祥麟所题。从民居"义行可风"门匾可窥民风一斑。城南西侧石壁上刻有"流觞池"，为明万历三十六年知县杜邦泰题写。流觞池位于石塔寺下，古时每逢农历三月初三，城中文人墨客便聚会于此，在水池上放置酒杯，杯随水流，停留在谁面前谁即取饮并作诗助兴。

⑳风流云散。逝者如斯。想起孟浩然诗句"人事有代谢，往来成古今。江山留胜迹，我辈复登临"。历史，就像悬崖下方的黄河水，不停地流淌，不断地翻腾。

㉑夕阳西下，枣花飘香。下得山来，奔往高家塄村，去品尝央视纪录片《舌尖上的中国》力推的"天下第一挂面"——吴堡手工空心挂面。吴堡手工空心挂面，需经十二道工序成品，它绵细又筋道，色、香、味皆诱人。热辣辣的陕北民歌从塬上响起，几乎要将我的心融化。身旁当即有人唱起《赶牲灵》，真是好听，掌声四起。歌者大声宣告："《赶牲灵》作者张天恩，就是我们吴堡人！"自豪之情，溢于言表。我惊喜交加。被誉为"中国陕北民歌之首"的《赶牲灵》，原来就源自我脚下这片雄浑而又多情的土地，而且，这位为民间音乐作出巨大贡献的作者，竟然是一位时常赶着牲灵往返于秦晋的普通乡民！

㉒雄厚辽阔的黄土地，就是陕北人的生命舞台。

㉓苏联作家阿·托尔斯泰在他的《苦难的历程》中写道：岁月

会消失，战争会停息……

㉔是的。革命，不就是为了人民过上安康幸福的生活？

㉕当战争的硝烟散尽，当历史的尘埃落定，正是人性中对美和爱的向往和追求，让天地间充满生机，让人世间充满美好。

（选自《延河》2016年第10期，有删改）

1. 下列对本文相关内容的理解，不正确的一项是（　　　）（3分）

A. 文章开篇用"在遥远的陕北之北，在苍莽的黄土高原，在浩荡的黄河岸边"三个句子反复写吴堡的地理方位，突出其"独具魅力"及对我的吸引。

B. 文章引用《元和郡县志》的记载，写的是古吴堡石城年代的久远、历史的悠久。

C. 文章叙述石城时，详细列举了石城内的建筑物，主要是表现建筑的错落有致。

D. 作者在对战争的感慨中收束全文，表现出吴堡山水人文使作者思想得到了升华。

2. 下列对本文艺术特色的分析鉴赏，不正确的一项是（　　　）（3分）

A. 文章以第一人称展开叙述，用一种探寻者的心理，客观而又充满感情地表达出对吴堡的感受与思考。

B. 文章引用元代诗人萨都剌的《念奴娇·登石头城次东坡韵》中的诗句，照应上文"发思古之幽情""怀激烈之壮志"。

C. "一簇簇山丹丹花开红艳艳，在微风中轻轻摇曳。"此处的景物描写，凸显吴堡在中国革命史上占据着的重要地位及后代人对它的敬仰。

D. 文章不以描写自然景色为主，而是侧重对吴堡文化、历史的叙写与情感抒发，使读者受到了历史与文化的精神洗礼。

3. 文章为什么要写作家柳青？请结合文本分析。（5分）

_____

_____

_____

4. 曹丕在《典论·论文》中提出"文以气为主"。请分析文本体现的"气"。（5分）

_____

_____

_____

名师带你读

锦州的南山

名师导读 ▶

　　本文从古文献和诗人、学者对南山的记述引入，表现了从古至今的人们对于南山的独特感情。又通过讲述锦州南山的得名，使文章趣味十足，对锦州历史的描绘感叹了古人的勇敢和智慧，也形象地说明了古代统治者对锦州的觊觎和难于征讨的原因。由努尔哈赤精锐的兵力反衬袁崇焕的抗清功绩。对袁崇焕悲惨命运的描写，痛斥了明朝末年统治者的昏庸无道，写出了明朝走向灭亡的历史原因。最后又历数了在近代战争中锦州所发挥的重要作用，歌颂了如今人们的幸福生活。

❶ 排比句式列举典籍、名人笔下的"南山"，表达了南山在中国人民心目中的重要地位。

　　在中国，"南山"多得数不清，有几座格外著名：①《诗经》中的终南山（节彼南山，维石巖巖),《史记》中的祁连山（留岁馀，还，并南山，欲从羌中归，复为匈奴所得），陶渊明笔下的庐山（采菊东篱下，悠然见南山），苏轼向往的南屏山（卧闻禅老入南山，净扫清风五百间），南宋学者胡宏敬仰的衡山（甘为稼圃南山下，长谢周公与孔丘）……最著名的当属"寿比南山"，可见"南山"在国人心目中的地位。

位于渤海北岸、"辽西走廊"东端的锦州也有一座南山，^①何以得名无从考证，似乎就因为它坐落于城南。这座历史悠久的"城中山"，最早叫松山，因为松树满山遍野，据说是商代箕子给取的名。商纣王残暴无道，为宠信狐妖妲己，挖掉一个亲叔父比干的心脏，另一个亲叔父箕子"亡命辽东，后到朝鲜"，周武王兴兵伐纣，纣王兵败商朝灭亡，箕子大义将治国要略传授给周武王，却不肯出山为官。三十四年前，南山出土商代"青铜戈"，经国家科学院专家鉴定，此戈并非作战兵器，而是珍稀的国宝"权杖"——商王朝最高权力的象征，它证得箕子的确履及南山。顺便一提，孔子高度评价箕子，柳宗元亲撰《箕子碑》颂其功绩。

说来惭愧，直到置身于锦州，我才算弄明白：古时候广义上的辽东，包括东北三省、俄罗斯远东地区以及朝鲜半岛大同江以北；现如今狭义上的辽西，特指辽西走廊，即从锦州到山海关之间的狭长地带，在冷兵器时代，它不只是兵家必争之地，它可是兵家死战之地。

锦州是国家历史文化名城，^②西汉朝廷在此设置了历史上第一个县级行政建制——徒河县。辽代是锦州历史上的高光时期，辽太祖耶律阿保机"以汉俘建锦州"，锦州之名始于此时。盛产锦绣的锦州逐步成为辽东的中心，而今辖区内依然屹立的皇家建筑、佛道

❶ 此处详细描写锦州南山的得名引入箕子的介绍，给枯燥的文章增添了趣味性。通过故事也说明了商纣王的残暴无情。

❷ 对锦州历史的描写突出了锦州悠久的历史。西汉建县，辽代建城。辽代时锦州因为生产锦绣而一度繁荣昌盛。感叹古人不畏艰险的优秀品质和古人的聪明才智。

寺庙等人文盛景，大多建于辽代，它们是历史的遗存，也是文明的密码，使我真切地体察到古人那湮渺久远的足迹。

① "锦绣之州"扬名遐迩，历代统治者对辽东觊觎又忌惮，隋炀帝诗句"我梦江都好，征辽亦偶然"就与征讨辽东有关。不过，古时候想从江南到东北，那可是艰难、困苦加险阻，好不容易到达辽东，官兵眼前是茫茫一片大"辽泽"——"南北千余里，东西二百里"，该是何等的绝望。

秋气肃杀，寒风在南山松林间飒飒作响，好在有和暖的阳光照拂大地。我们坐在高高的土堆上面，听文化学者、渤海大学教授刘鹤岩先生讲前朝旧事。

锦州是辽西走廊的重要节点，南山是守卫锦州的巨大屏障，曾几何时，多少风云人物在此挥戈驰骋，多少英雄豪杰在此鏖战沙场。南山在清代叫罕王殿山，这得从清太祖努尔哈赤说起。② 相传，努尔哈赤为探听明军实力，投身于辽东总兵李成梁帐下，后来被李追杀，连夜出逃到锦州南山，睡在山顶巨石上，化身青蛇方得脱险。遥想当年，③ 努尔哈赤的军队锐不可当，飞扬的铁蹄和喋血的宝剑，把往日耀武扬威的将领吓得魂飞魄散，仅为六品官员的袁崇焕挺身出列勇当危局，凭着袁崇焕的神勇与担当，硬是将努尔哈赤挡在山海关外整整二十一年！

每到历史紧要关头，总会有人不计世俗得失"国而忘家，公而忘私"：岳飞"壮志饥餐胡虏肉，笑谈渴饮匈奴血"，文天祥"人生自古谁无死，留取丹心照汗青"，于谦"粉身碎骨浑不怕，要留清白在人间"，袁崇焕"策杖只因图雪耻，横戈原不为封侯"……有他

1 此处的细节描写突出了历代统治者对辽东的觊觎和忌惮。路途的遥远、地形的恶劣都对征讨造成了很大困扰。

2 引用努尔哈赤的传说增加了神话色彩，使文章更加具有吸引力。

3 此处用努尔哈赤军队的勇猛与明朝官员的畏惧对比，凸显了袁崇焕的勇猛、担当。

们的存在，国家才有前途，因他们的奉献，民族才有
希望。

①袁崇焕，这个一提起就让我心如刀绞的悲剧英
雄，锦州的城防工事是他派人修建的，载入史册的"宁
锦之战"是由他坐镇指挥的。努尔哈赤去世后，继承
汗位的皇太极率大军围攻宁远、锦州，在袁崇焕的部
署下，名将赵率教在松山—锦州—大凌河一带严阵以
待，皇太极屡战屡败，明朝取得"宁锦大捷"。

然而，历史自有它的安排，明朝注定要灭亡。兵
部尚书孙承宗是"辽东三杰"之一，是"锦州八景"
勘定者（期间巡视过松山），最要紧也最要命的，他是
袁崇焕的老师。在明朝，师生关系就是政治关系，忠
臣孙承宗与宦官魏忠贤的博弈，导致两大阵营的政治
搏杀，光风霁月之心怎敌鬼蜮伎俩，奸臣得道小人得
势，阉党逢君之恶，崇祯忠奸不辨，袁崇焕大难临头。
行刑台上，即将遭凌迟的袁崇焕遗言铮铮：②"一生事
业总成空，半世功名在梦中，死后不愁无勇将，忠魂
依旧守辽东。"

赤胆忠心，惊天地泣鬼神！

袁崇焕与岳飞、文天祥、于谦并列为名垂青史的
民族英雄，后来，康有为饱含深情为袁崇焕庙题写对
联："其身世系中夏存亡，千秋享庙，死重泰山，当时
乃蒙大难；闻鼙鼓思东辽将帅，一夫当关，隐居敌国，
何处更得先生。"谙熟历史的康有为学生梁启超，对袁
崇焕尤为推崇敬仰："若夫以一身之言动、进退、生死，
关系国家之安、民族之隆替者，于古未始有之，有之，
则袁督师其人也！"

又一阵朔风吹来，松涛阵阵，如诉如泣。我看见

❶ 此句承上启下。引出下文对袁崇焕的抗清事迹的描述。

❷ 此处引用袁崇焕的遗言，表现了袁崇焕视死如归的英雄气概和忠君爱国的民族气节。

89

风儿掠过，我听见这片土地叹息，生命挽歌苦涩沉重，我的心灵漫无依泊。

南山等待着见证千古兴亡，明、清还有精彩大戏要在南山上演。松锦大战，明、清各投入十多万人马，最后战场就在松山一带。皇太极驻跸松山，亲自指挥、亲自部署，松山城被清军攻陷，蓟辽总督洪承畴被俘。①据清朝官方正史记载，起初表现得很硬骨头的洪承畴，终于为皇太极的规劝感化，加之以袁崇焕为"鉴"，最终"识时务"而归降清朝。野史可不是这么说的，民间传说洪承畴不敌美人计，拜倒在皇太极的庄妃（即后来的孝庄皇后）石榴裙下，一旦百炼钢化为绕指柔，江山便可以不要了，何况这江山还不是自己的。此说法不仅在文艺作品中多有体现，甚至连著名清史专家都认为真实可信。松锦之役奠定了清军入关的基础，具有历史转折意义。

说到清兵入关，②国人第一反应就是吴三桂"冲冠一怒为红颜"。袁崇焕蒙受千古奇冤，洪承畴、吴三桂叛明降清，明朝焉能不亡？袁崇焕被一刀刀凌迟时的哀号，奏响了大明王朝的丧钟，崇祯皇帝上吊结束了生命，中国历史结束了一个朝代。清代著名诗人吴梅村，以洪承畴兵败松山为题材写下诗词《松山哀》，又以吴三桂与陈圆圆为题材创作了《圆圆曲》。③康熙、雍正、乾隆、嘉庆、道光等清朝皇帝，只要前往盛京祭祖，必定驻足锦州、登罕王殿山。他们留下了几十首关于锦州和南山的诗词,也就康熙大帝的《锦州道上》还算过得去，看来"马背民族"写诗终究差些火候。

岁月暗淡了刀光剑影，南山远去了鼓角争鸣。当历史推进到二十世纪，锦州再次展现出英雄城的风采。

❶ 此处通过对洪承畴投降的细节描写增强了文章的可读性。

❷ 此段承上启下，引出明朝灭亡的描写，历史滚滚的车轮一如继往。

❸ 此处通过清朝皇帝对锦州的重视，说明了锦州在清朝的重要地位。

"九一八"事变爆发，全中国第一支抗日义勇军在锦州诞生，锦州成为中华人民共和国国歌《义勇军进行曲》的发祥地；一九四八年，解放战争三大战役拉开序幕，首战辽沈战役的主战场就在锦州，南山也迎来了历史辉煌。解放军占领南山阵地后，革命洪流摧枯拉朽，解放军从一个胜利走向另一个胜利，中华人民共和国的第一缕曙光在锦州的南山升起。

① 南山全称为"南山生态运动公园"，是锦州市民的休闲中心，虽然古战场遗迹犹存，金戈铁马已为轻歌曼舞取代。

❶ 此段总结全文，暗含对当今幸福安定生活的赞美之情。

延伸思考

1. 简述本文写作思路。

_____

_____

2. 简述本文的特点。

_____

_____

3. 锦州对中国革命的贡献？

_____

_____

正北之北

名师导读

　　作者怀着激动的心情来到了广袤无垠的大草原，明确了额尔古纳的地理位置，见识了额尔古纳河的地势形态，参观了地球上最大、最深的贝加尔湖，了解了莫尔道嘎的森林特点、野生动物种类以及它遍地的宝贝。讲述了莫尔道嘎的兴盛的历史：铁木真带领他的铁骑大军，南征北战，建立起当时世界上面积最大、军事最强的超级大国。还讲述了中俄后裔——俄罗斯民族的风土人情。领略了"亚洲第一湿地"的风光。并带着对莫尔道嘎无限的眷恋憧憬着美好的生活。

❶ 几个排比句描写了蓝天白云之下，鸟儿翱翔于天空，牛、马、羊悠闲地吃着草，牧人策马扬鞭的如画美景。

　　① 广袤无垠的草原，在公路两边无限伸展；一群群野鸟，结伴翱翔掠过天空；身着蒙古袍、身姿矫健的牧人，在草原上策马扬鞭；成群结队的牛、羊、马，悠闲地踱步在蓝天白云下……

　　从海拉尔往额尔古纳，沿途都是这样的画面，我们一行人不住地惊叹，一次次要求司机师傅停车让大家拍照，结果抵达额尔古纳时已是夜晚，比原计划晚了三个小时。

额尔古纳，这个名称似乎有一种魔力，一直吸引着我想投入它的怀抱。它位于中国雄鸡状版图的鸡冠顶端，西部与蒙古国接壤，北边以额尔古纳河为中俄界河。①额尔古纳河发源于大兴安岭西麓，犹如一条摇曳生姿的玉带，飘荡在中国的正北之北。

① 采用比喻的修辞手法，将额尔古纳河的形状比作玉带，十分生动形象，"摇曳生姿"一词将额尔古纳河蜿蜒的形态尽现眼前。

站在额尔古纳河畔眺望，对岸是俄罗斯西伯利亚。地球上最大最深的贝加尔湖，在苏俄文艺作品中经常出现的叶尼塞河、乌拉尔山脉，就存在于这片"宁静之地"、西伯利亚地盾上。想起西伯利亚的曲折复杂历史，想起俄罗斯科学家、作家罗蒙诺索夫的话"俄罗斯的强大在于西伯利亚的富饶"，我一时心情复杂难言。

在蒙语中，额尔古纳为"捧呈、递献"之意。的确，②它为我们伟大祖国"捧呈、递献"了辽阔的大草原、壮阔的大森林、宽阔的大湿地，它被称为"呼伦贝尔的缩影"。"我自相矛盾吗？很好，我就是自相矛盾吧，我辽阔广大，我包罗万象……"惠特曼这段诗句，似乎就是为额尔古纳而写的。

② 此处拟人手法的运用将额尔古纳对祖国的尊敬、谦卑、无私奉献写得十分形象。几个并列词组写出了额尔古纳的地貌特征。

一望无际的森林，绵延于大兴安岭，逶迤于额尔古纳。森林到处都有，额尔古纳的森林气质不同，因为有白桦树。白桦树是俄罗斯国树、民族精神象征，我以前只在苏俄电影里见过，而在额尔古纳莫尔道嘎，我见到了白桦林！

莫尔道嘎，鄂伦春语为"白桦林生长的地方"。"南有西双版纳，北有莫尔道嘎"，可见莫尔道嘎之森林繁茂。③它是野生动物的天然栖息地,时有棕熊野猪出没、野兔、野鸡多到成群结队，是中国唯一的驯鹿栖居地。

③ 莫尔道嘎野生动物出没说明当地森林被保护得很好，当地环境没有被破坏。

在莫尔道嘎原始森林中，传奇的中国最后一位鄂温克族女酋长为我们讲述"当年勇"，只是女英雄已垂暮，不再以守护驯鹿为生。"莫尔道嘎遍地宝，松桦杨柳人参草，天涯绿金滚滚流，浆果溢香醉人倒，煤金木铁满山岭，狍獐犴鹿遍地跑。"莫尔道嘎林区人的诗作，句句展示着他们的自豪感。

登上莫尔道嘎山巅极目远眺，大兴安岭的浩瀚与深邃尽收眼底。

莫尔道嘎在蒙语中则是"上马出征"的意思。一千多年前，铁木真的祖先从额尔古纳河两岸的森林启程，不断向草原迁徙，从狩猎民族演变成游牧民族，呼伦贝尔草原任由他们策马奔腾，额尔古纳容纳了他们的狂野与浪漫。铁木真率领蒙古铁骑从草原出发，南征北战所向披靡，建立起当时世界上面积最大、军事最强的超级大国。① 额尔古纳养育了横扫世界的"马背上的民族"，成就了一代天骄成吉思汗，书写了蒙元帝国的壮丽篇章。

① 说明了额尔古纳对蒙元帝国的意义。成吉思汗成就了额尔古纳的繁荣昌盛，额尔古纳也成就了成吉思汗的一生霸业。

岁月的流逝已湮没了历史的痕迹，但额尔古纳蒙兀室韦之子、草原霸主铁木真，永远是蒙古人心中的成吉思汗，蒙古族子民一直以各种方式纪念他。出额尔古纳市区，一路往北约三十公里处，是修茸一新的弘吉剌部蒙古大营。② 弘吉剌部曾经是声名显赫的蒙古贵族部落，尤以盛产美女闻名，成吉思汗的母亲、妻子、儿媳都出自于弘吉剌部。弘吉剌部蒙古大营浓缩了多民族风情，迎接我们的是蒙古族男子浑厚苍凉的长调、俄罗斯族姑娘热情奔放的舞蹈。

② 进行细节描写，自古英雄爱美女，从侧面反应弘吉剌部美女的品质之高，也说明成吉思汗一家都是能征善战的英雄人物。

由于历史的原因，额尔古纳居住着很多中俄后裔，坐落于山谷中的恩和乡，是这些混血儿最为集中的居住地。恩和是中国唯一的俄罗斯民族乡，与俄罗斯一河之隔，距中俄友谊大桥不到两公里。恩和民居都是典型的俄式木屋"木刻楞"，极具西伯利亚农庄建筑风格。恩和居民保持着俄罗斯人的生活习俗，家家户户院子里种满花草，屋子里挂着精美的俄式壁毯，主食是大列巴和奶油，菜肴是鱼子酱和罗宋汤。他们信奉东正教，他们性格很豪爽。他们长着深目高鼻，一开口却是地道东北腔，让我感觉怪怪的。俄罗斯族大妈清一色的富态体型，标准的俄罗斯妇女打扮，[①] 随时能为我们唱"喀秋莎"，随地就可以跳起头巾舞。迷人的异域风情，独特的异族文化，使恩和别具一格、入列中国"十大魅力小镇"。

❶ 两个"随时""随地"的运用可见俄罗斯族大妈们的豪放性格以及她们的热情好客、能歌善舞。

"亚洲第一湿地"就在额尔古纳市郊，属于全球两个重要的生态区域之一，是中国保存最为完整、面积最大、物种最为丰富的自然湿地保护区，是天鹅等珍奇鸟类、世界濒危物种鸿雁的重要栖息地和保护区，每年有两千万只各种鸟儿在这里迁徙、停留、繁殖。

额尔古纳河支流根河，在这湿地与森林的界线，环抱着草甸静静地流淌。

延伸思考

1."莫尔道嘎遍地宝，松桦杨柳人参草，天涯绿金滚滚流，浆果溢香醉人倒，煤金木铁满山岭，狍獐犴鹿遍地跑。"作者引用此段诗句有什么用意？

2. 恩和居民的生活习俗有哪些?

_____

_____

_____

_____

最高的诗意

名师导读▶

本文通过对滨海新区的开发建设和取得的重大成就的描写，赞扬了滨海新区的决策者的高瞻远瞩和滨海新区的领导干部的意志力、执行力和管理艺术。让我们一起去看看滨海新区都发生了哪些翻天覆地的变化吧！

"鲸波接天，浩浩无涯"的海洋，覆盖着地球表面四分之三的领土，在太空转动的地球，因之散发着蔚蓝色的光芒。海洋是世界上所有生物的发源地，① "一切生命都是从海里诞生的，当然人类也不例外"，宇宙学家、天文学家卡尔·萨根博士如此推论。大海是人类永远的家园，浩瀚的海洋壮大了人们的梦想：当今世界，谁拥有海洋，谁就拥有未来。为打造新的经济增长极，人类将目光由有限的陆地转向无垠的海洋。

以经济发展战略眼光来看，天津东部沿海地区处于环渤海经济圈核心地带，集聚"海、陆、空"交通网络，具有绝佳区位优势。万物有时，它终于迎

① 科学家对人类起源的猜想，深刻地诠释了大海是一切生命的摇篮。

来了历史机遇——1984 年，天津经济技术开发区作为第一批国家级经济技术开发区，率先在天津东部沿海的盐碱荒滩建立；1994 年 3 月，天津市决定在天津经济技术开发区、天津港保税区的基础上建成第一个国家综合改革创新区——滨海新区；2005 年，滨海新区成为国家重点支持开发开放的国家级新区；2014 年 12 月 12 日，滨海新区成为中国北方第一个自贸区。

① "不谋万世者，不足以谋一域；不谋全局者，不足以谋一时。"决策者的高瞻远瞩，决定了滨海新区开发、建设、发展的大格局。

❶ 引用经典，说明要想有开发、建设、发展的大格局，决策者就要有长远的眼光和把握全局的能力。

"政治路线确定以后，干部是决定一切的因素"，这是毛泽东主席做出的规律性论断。"敢为天下先"需要胆识、魄力、勇气，滨海新区的开发建设考验领导干部的意志力、执行力和管理艺术。在盐碱荒滩建城，是创业者遇到的第一大课题，他们硬是把这"难啃的骨头"给啃下了。

一座民丰物茂的滨海新城，在渤海之滨拔地而起；一个繁荣昌盛的自贸区，在环渤海经济圈中心地带昂然"雄起"；一块推进改革的战略高地，在华北平原北部强势崛起。它是绿色生态之城，是智慧创新之城，是前沿开放之城，也是实现梦想之城。

❷ 此句点出了要想经济长盛不衰的法宝。滨海正好具备了这两大法宝，可见领导者的眼光和胸怀。

② 生态，才是永恒的良性经济；创新，才有不竭的发展动力。滨海新区拥有水面、湿地 700 多平方公里，共有两个自然保护区：天津古海岸与湿地国家级自然保护区、天津市北大港湿地自然保护区。良好的生态环境与创新的活力机制，成为滨海新区招徕国内外大机构、大企业落户的金字招牌。

①文化是一个城市的灵魂。只有注入文化，才能打造出有灵魂的城市，才能提升城市的品质，城市经济才能持续不断发展。在政治情怀、社会情怀、文化情怀的驱使下，决策层和管理者全力将滨海新区建造成"中国经济的第三增长极"。

凉风送爽的金秋时节，我来到天蓝海碧的滨海新区。特殊、重要的地理位置，错综复杂的历史渊源，造就着这座既古老又年轻的城市。众多河流从这里注入渤海，其中包括古老的海河。海河，连接着运河与海洋，宋朝名"界河"，金、元时改称"直沽河、大沽河"，明末清初才得现名。名称的变迁诠释着华北地区最大水系的深沉与久远。隶属于滨海新区的塘沽地跨海河两岸，历史上一直划河分治，海河南北两岸至今遗存大沽口炮台——南虎门、北大沽，素称"津门之屏"，是中国近代史上两座重要的海防屏障。

从天津新地标"津沽棒"启程，步行半小时就到了国家海洋博物馆，它是中国唯一的综合性海洋博物馆。相隔不远，是北方唯一的航母主题公园，以"基辅"号航母旅游资源为主体，以娱乐性军事活动为主题，将娱乐活动与国防教育相结合。②滨海新区公共图书馆，造型是一只美丽的大眼睛，充满浪漫感；顶部采用梯田式拱顶，充满曲线感；台阶式书架层层叠叠，如碧波荡漾，让人好似置身于"知识的海洋"，充满未来感。这个"网红"图书馆的设计，展现出大意象、大手笔的美学特征，新奇而诗意。

"最高的诗意就是在现实的基础上建立一个新世界"，德国哲学家狄尔泰这句妙语，仿佛就是为滨海新区量身打造的。

❶ 文化对一个城市发展的重要意义，没有灵魂的城市只是一个死城，只有文化才可以唤醒这个城市的灵魂。

❷ 此处用比喻和排比的修辞手法将滨海新区图书馆的外部造型和内部陈设描写得生动形象。

❶ 渤海落日如画美景。天地之间，万物相和也具有摄人心魄的魅力。

天地之间，万物祥和。① 我抬起头仰望天空，天际线退得很远很远，橘红色的太阳高挂苍穹；阳光穿越云朵的缝隙，把壮阔的大海照耀得璀璨无比；湛蓝的海水波光粼粼，散发着迷人的光芒。

延伸思考

1. 聊聊滨海的生态环境和创新机制对发展的影响。

_____

_____

2. 滨海新区著名的人文景观有哪些？

_____

_____

一条河，一座城

名师导读▶

　　源远流长的黄河文化、丝路文化、中原文化、西域文化、三秦文化、藏文化、游牧文化交相辉映，共同孕育出了兰州这座风光大城。黄河是上天的赠礼，是天然的屏障。因为黄河孕育出了黄河流域生机勃勃、欣欣向荣的繁荣景象，又因为黄河使黄河流域的人们躲避了无数的战乱灾祸。让我们一睹黄河两岸的美景吧！

　　①它地处中国大陆陆域版图的几何中心。它有着2200多年的悠久历史。它是古丝绸之路的重要交通枢纽。它是全国唯一一座黄河穿城而过的省会城市。它被誉为"黄河明珠"。它以人文荟萃闻名于世。源远流长的黄河文化、丝路文化、中原文化、西域文化、三秦文化、藏文化、游牧文化在这里交相辉映……

　　它的名字叫兰州。

　　兰州古代称金城，取"固若金汤，不可攻也"之

❶ 总领全文，先说明此地是一个历史悠久、位置优越、名气远播，各种文化交汇的地方，然后引出下文。

❶ 这里描写了兰州城的特点，黄河的天然屏障使其躲过数次战乱灾祸，让人民少受多少战乱之苦，这是大自然对这一方百姓的眷顾。

意，黄河兰州段因而称为金城河。① 中华民族的母亲河——黄河，自西南向东北穿城而过，分出河西与河湟两个方向，扼控东西南北四个战略要地。黄河切割山岭，两侧山峦连绵，山静水动、刚柔并济。黄河天堑，加上两山对峙，成为金城天然的屏障，形成"固若金汤"的山河格局，使兰州躲过无数次战乱灾祸。

黄河是上天给兰州的赠礼，滋润着这片世界上最厚实的黄土高原。不记得哪位名人说过："每一座美丽的城市，都与一条伟大的河流有关。"人类文明依水而生，如黄河之于华夏、恒河之于印度、尼罗河之于埃及……金城河诠释着兰州的深沉与久远，更是兰州人的精神源泉与文化源流。

沿金城河两岸，是全国最长的市内滨河路——百里黄河风情线。和风丽日的早晨，我缓缓行走在这条宽阔笔直的观光长廊上，处处树木苍翠、绿草如茵、繁花似锦，有华美女高音在河畔飞翔，那是发自内心的盛世欢歌。百里黄河风情线融自然风光、人文胜迹于一体，历史与现实在这里神奇相遇，生态与文化在这里珠联璧合。

❷ 详细介绍了黄河铁桥在兰州城市文明和工业文明以及在人们情感等方面的重大意义。它已经成为当地人们内心的精神寄托、情感支柱；它已经成了人们心目中家乡的代表。

② 黄河风情线以百年黄河铁桥为中轴。从白塔山山顶俯瞰，铁桥横跨两岸，默默注视着历史的流淌。这座雄伟的大桥，是黄河上第一座桥梁，它结束了兰州人用羊皮筏子横渡黄河的历史，在中国桥梁建筑史上占有独特的地位。1942年，为纪念孙中山先生，"天下黄河第一桥"改名为"中山桥"。百年回眸，这座黄河铁桥已成为兰州的建筑标本，成为兰州人心底的"情感徽标"，承载着近代兰州城市文明之魂和工业文明

之光。

东邻中山桥的水车博览园，荟萃十多架风格各异的巨轮水车，是世界上水车品种、数量最多的主题公园，妥妥的黄河风情线上的"网红打卡点"，兰州因此成为世界之最的"水车之都"。巨轮水车起源于明朝，外形奇特、雄浑、粗犷，是黄河沿岸最古老的提灌工具，创始人正是水车广场的雕像——兰州人段续。高高耸立的水车，散落于黄河两岸，是兰州独特的人文胜景；悠悠转动的水车，"吱呀吱呀"地吟唱着，蜚声祖国大江南北。

"古老的水车悠悠转，羊皮筏子赛军舰，吉祥葫芦牛肉面，还有百合与洮砚。"这是人们关于兰州的旧时记忆，现如今，风靡全国的西北民谣、经久不衰的民族舞剧《丝路花雨》、中国期刊《读者》……都为兰州增添了卓尔不凡的文化气质。^①文化一直滋养着兰州，文化传统从未在此中断；金城曾因文化而盛，兰州更因文化而兴。

^②水车博览园内，有一座造型奇巧的桥梁：兰州握桥。巨木由两岸向河心错落前伸，层层递出，节节相衔，从而使桥梁呈穹隆之弓形；桥面上有拱廊可避风雨，桥两端各有翼亭，似两拳紧握。兰州握桥为昔日"兰州八景"之一，即文人墨客笔下的"虹桥春涨"，万里黄河千古流，山河大地响彻历史的回声。

兰州不只有"黄河第一桥"，也有"黄河第一楼"。隋唐时期，朝廷对金城青睐有加，这在"金城""兰州"间不断变换的称谓上可觑端倪，那时候的金城或兰州黄河边上，矗立着一座雄伟壮观的黄河楼。它留给历

❶ 这句话歌颂了文化对一地发展的重要意义。排比修辞的运用将文化的重要性凸显出来。

❷ 将兰州握桥的特点和知名度交代得一清二楚。显示出了桥梁设计者的巧思妙想，也显示了造桥工匠的聪明和智慧。

103

① 借高、岑二人的诗句描写出了登楼遥望急流险峰、鸟语花香的如画美景，可见黄河楼周围美景对文人墨客的吸引力之大，也是高岑的诗句成就了黄河楼的美景。

史的背影，有被后世并称为"高岑"的唐朝边塞大诗人的诗词为证：**①**"古戍依重险，高楼见五凉。山根盘驿道，河水浸城墙。庭树巢鹦鹉，园花隐麝香。忽如江浦上，忆作捕鱼郎。"（岑参《题金城临河驿楼》）"北楼西望满晴空，积水连山胜画中。湍上急流声若箭，城头残月势如弓。垂竿已羡磻溪老，体道犹思塞上翁。为问边庭更何事，至今羌笛怨无穷。"（高适《金城北楼》）诗歌是时代的脉搏，有时诗人比史家更能真实地记录风物；世事流转如黄河之水，"高岑"的杰作却不曾失去光辉。历史的长河奔流不息，毁于清朝的黄河楼在当今"金身重塑[1]"。毗邻兰州老街重建的黄河楼，是黄河岸边的新看点，是兰州黄河景观的地标性建筑，也是领略和弘扬黄河文化的好去处。它为金城河立传，诉说着兰州的古往今来。

② 描写了金城关在历史上发挥的重要作用。它不仅是重要的渡口，更是中西交通大道上的重要关隘，可见其位置的重要性。

　　明代以前，兰州的主要城市功能是渡口、交通孔道和军事重镇。**②**西汉武帝时期，金城河畔、白塔山下的金城关，以久远的历史、重要的地位载入史籍，它不仅是金城四大渡口之一，也是中西交通大道上的重要关隘，贩夫走卒、丝路商贾、驿吏僧侣等在此穿梭奔走、川流不息，"少年战神"霍去病、"丝绸之路的开拓者"张骞都从这儿策马而过，后来出塞和亲的"落雁"王昭君、西天取经历尽劫难的唐玄奘也在此渡河西去。岁月沧桑换了人间，但金城关没有被淹没在历史的大潮中，如今在其原址修建起来的金城关文化博览园区仿古建筑群，让人们在雕梁画栋间穿越到从

---

[1] 替佛像重新塑造一个金身。如果指人，指这个人改过自新，重新生活。此处意思是说重建黄河楼，并且重建的黄河楼依然那么完美。

前。^①园区内还有兰州彩陶馆、秦腔博物馆、兰州文化体验馆、黄河桥梁博物馆、非物质文化遗产陈列馆等，都恰到好处地点缀其中。它们集萃地方特色文化，重现丝路重镇风采，接续兰州历史文脉，承载兰州厚重的历史文化。

❶ 列举各种博物馆说明兰州历史的悠久、文化的璀璨。

^②阳光映照得河水流光跃金，远山飘逸着洁白的云朵，高高挺拔的兰州"市树"国槐，张扬着它们的美丽和骄傲。白云观、丝路古道、兰州碑林、平沙落雁、银滩湿地，黄河音乐喷泉、东湖音乐喷泉、亲水平台、近水广场、人与自然广场，还有黄河母亲雕塑、寓言城雕、绿色希望雕塑、西游记雕塑、筏客搏浪雕塑、平沙落雁雕塑、"生命之源"水景雕塑、伏羲女娲汉白玉雕塑，以及西园、春园、夏园、秋园、冬园、龙源园、市民公园、百合公园、雁滩公园、体育公园、绿色公园、白塔山公园、西部欢乐园、廉政主题公园、徐家山森林公园、霍去病主题公园、滩尖子湿地公园……无数景点星罗棋布于金城河两岸，共同组成黄河之滨宏大的交响。

❷ 一系列的列举说明兰州人文文化之丰富。

我轻声哼着老歌，"我要把这美丽的景色看个够啊"，在秋阳下、黄河风情线上慢悠悠地走着、看着。

金城，亘古奔流的黄河；兰州，千年沧桑的古城。当古老深远的黄河文明焕发出新的生机，当一个上升的民族面对"百年未有之大变局"，兰州也展开了新的梦想，积攒着新的力量，在新时代的新征程上踏浪而行、一往无前，为祖国大西北书写新的辉煌。

延伸思考

1. 描绘一下黄河百里风情线的盛景。

_____

_____

2. 为什么说明代以前兰州的城市功能是渡口、交通孔道和军事重镇?

_____

_____

古贝州之春

名师导读

　　本文开篇以梦中游历的荒诞说法入笔，给全文罩上一层幽默色彩。此种说法贯穿全文，使读者在似真似幻之中跟随作者的思维了解了贝州的历史、名人以及美酒。

　　① 曾经梦到德州，平生足迹未至，梦中情景历历，却似故地重游。

　　从此那秦始皇以水德立国的"水德之始"德州，成为我心中隐秘的故乡，成为我人生中一个重要的关键词。

　　一次来自德州武城的邀约，即将开启我盼望已久的"德州寻梦之旅"。莫非我的前世在武城，或者说在贝州？

　　抵达德州高铁站，心头掠过一阵悸动。

　　武城古亦称贝州。战国时期，武城属赵国，② 地处赵国东部边塞，乃军事要塞，为防御外敌侵入，屯以重兵、坚固城墙，谓武备之乡，故称武城。战国平

❶ 由荒诞的梦境开篇，给文章增加了一些戏谑的味道。

❷ 由贝州悠久的历史和涌现出的杰出的人才，可见武城这片土地在历史上发挥的重要作用。

107

原君任赵国宰相时，受封于此；杰出的农民领袖、"夏王"窦建德，降生于此；中华第一状元孙伏伽，诞生于此；"诗有太白遗风"的豪侠才子张祜，成名于此；明代"圣人"王道，告归于此；还有"千古忠烈"赵苞、辛亥革命先驱王金铭……武城孕育了多少英雄豪杰硕学名儒。小小武城，出过 18 位文武状元、42 位宰相。

友人开玩笑，说我的前世就在武城，说不定就是张祜。虽然"宫词老大"张祜的宫词"故国三千里，深宫二十年。一声何满子，双泪落君前"让我欢喜得紧，但如果我的前世真在这"弦歌之地，状元之乡"，我倒希望是"夏王"窦建德。或许，我骨子里有草莽英雄情结。

环绕武城的卫运河，古时候为黄河故道，秦汉时期称为清河，隋唐两代属永济渠，宋代称御河，元代临清成为京杭大运河的一段。相传大禹治水，"一生浚九河，其五在德州"，武城境内的鬲津河（现称减河）就是其中之一。上古时期，临鬲津河而居的鬲氏部落，以擅长制作陶器"鬲"而得名、而闻名，史书记载，神话传说中的"后羿射日""嫦娥奔月"，就发生在鬲氏部落左近。

因水美谷丰，武城在商代以酿造国酒闻名于世。①"尧舜千钟，孔子百觚。""古之圣贤无不能饮也。""少有异才"的东汉名士、建安七子之一孔融说，"尧不千钟，无以建太平；孔非百觚，无以堪上圣"，这个以"孔融让梨"名扬天下的孔子第二十世孙认为，其先祖之所以能万世师表，原因之一就是能喝。这话说得，也不知道孔圣人受用不受用。然而，武城美酒就曾让孔圣人"醉卧"，可见其诱惑力有多大。

❶ 运用夸张的修辞手法说明古圣贤的酒量之大。可见武城的美酒诱惑力之大。

古人将酒归功于^①"酒以成礼，酒以治病，酒以成欢"。据说当年秦军围攻赵国，平原君想求救于楚国，门下食客毛遂自荐，所带国礼为美酒，而且正是武城酒。毛遂不仅成功说服了楚王，还留下了典故成语"毛遂自荐"。

在中华民族传统祭祀活动中，酒必不可少，所谓"无酒不成礼仪"；民间的婚庆嫁娶、节庆生日、修房盖屋、嘉奖慰劳、亲人团圆、朋友聚会，酒也不可或缺。"一壶浊酒喜相逢""酒逢知己千杯少""劝君更尽一杯酒，西出阳关无故人"……酒以成欢，酒亦壮别。

酒与英雄豪杰的故事，几乎人人耳熟能详：晋文公莘山温酒、勾践酒壮士气、荆轲以酒壮别、霍去病"酒泉"犒兵、汉高祖借酒斩蛇起义、曹操煮酒论英雄、关云长温酒斩华雄、赵匡胤杯酒释兵权、岳飞携酒助威、武松醉打蒋门神……顺便一提，武城有个千年古镇甲马营，因宋太祖赵匡胤曾在此下马巡营而得名。再郑重其事一表：著名爱国将领吉鸿昌率部驻扎武城时，为唤起民众书写"睡狮猛醒"，将其镌刻于县府门前的石狮子背上，这对石狮现存于古贝春文化馆。

^②《庄子》中记载了一个战国时期因酒引发的战争：邯郸之围。著名军事家孙膑、庞涓生死对决，"围魏救赵"就是这么来的。

岁月更替，贝州"国酒"赵国佳酿随之销声匿迹，但到西汉时期，武城"东阳好酒"又声名鹊起。至隋唐，武城"状元红"被唐太宗定为宫廷宴酒。^③京杭大运河开通后，德州作为运河要津，号"九达天衢""神京门户"，"商贾辐辏，仕女如云，车水马龙，奔赴络绎，极一时之盛"，运河上"帆樯如林，百货山积"，运河

❶ 总述古人对酒的重视，极大地引起读者的阅读兴趣。引出下文平原君求救、带酒；酒与人们的生活处处相关；酒与英雄豪杰的故事；酒与战争的故事。

❷ "围魏救赵"之战追根溯源起源于美酒，凸显了酒的重要。因为美酒竟然引发了战争，可见美酒对于人们的重要意义。

❸ 通过街市的繁华反衬贝州美酒的受欢迎程度。美酒带动一方经济的繁盛，也从侧面反映出酒对于人们生活的重大意义。

两岸"市肆栉比，绵亘数十里"；武城成为重要码头，武备之乡华丽变身为商贸之城，市肆林立店铺连门，酒市更是红火，民谣传唱"买好酒，贝州走，大船开到城门口"，可见贝州美酒之盛极于世。清朝鼎盛时期，"状元红"演化为"小米香"，成为向宫廷进贡的民间名酒。①惜乎清末民初以降，因战火频仍民生凋敝，贝州佳酿渐渐消弭于历史烟云中，多少年来，失落的武城人只能不胜惆怅地"遥想当年"，喟叹一句"我们祖先也曾阔过"。

❶ 盛极必衰的自然规律。任何事物经过繁盛必然会走向衰败，即使是酒也不能幸免。

而今，在武城古贝州，我们一行人短暂客套寒暄之后，大家开始推杯换盏。男人似乎是天生的酒精动物，一有高兴事儿就喝酒，有了不高兴的事情也喝酒。不多久，同伴都喝嗨了，他们说："今儿个高兴！"或许日常的忙碌琐碎，容易腐蚀掉生活激情，只有依靠酒精或爱情的燃烧，才能感觉自己不那么平庸；蒙古族男人酒兴更豪，并且一喝酒就唱歌，一唱歌就能把女人的心融化，我在乌珠穆沁大草原上领教过。

❷ 引用众多写酒的名句，可见酒与历代文人墨客的息息相关，更突显酒与人们密不可分的重要意义。

文友们喝得开怀，酒兴之下，吟诗作赋者有之，自比"诗圣""诗佛""诗仙""诗豪""诗魔""诗鬼"者亦有之。文人与酒，自古纠缠不清。②王孝伯"痛饮酒，熟读《离骚》"，怀素酒醉泼墨，刘伶整日狂醉，李白"斗酒诗百篇"，孟浩然"且乐杯中酒"，柳永"疏狂图一醉"，苏轼"把酒问青天"，晏殊"一曲新词酒一杯"，辛弃疾"醉里挑灯看剑"，陶渊明"斗酒聚比邻"，岑参"斗酒相逢须醉倒"，秦观"为君沉醉又何妨"，黄公望"酒不醉，不能画"，欧阳修"颓乎其中"著《醉翁亭记》，刘禹锡"暂凭杯酒长精神"，唐伯虎"以花为邻以酒为友"，张索懿"有酒学仙无酒学佛"，蒲松龄"名士由

来能痛饮"，曹雪芹"酒渴如狂"，弘一法师出家前也
还"一壶浊酒尽余欢"……真的是"古来圣贤皆寂寞，
惟有饮者留其名"！

　　相传美酒的发明人是女性，这一点，恐怕令男人
很是泄气。《吕氏春秋》云"仪狄作酒"，《战国策》进
而言之"昔者帝女令仪狄作酒而美，进之禹，禹饮而
甘之"。所以，真要喝起来打擂台，男人未必是女人的
对手。文君当垆，贵妃醉酒，班婕妤借酒浇愁，李清
照"夜来沉醉"，唐婉"红酥手，黄縢酒"……[1] 女人
的含蓄与狂放、悲喜与嗔怨，在喝酒后便能体现得淋
漓尽致。

　　不管谁用什么话来刺激，我都是脖子一梗打死不
喝，一副"刀枪不入，百毒不侵"的师太尊容。也曾
喝过几次，无论喝的是白酒，还是红酒、啤酒，每次
都难受、过敏，后果很严重。小命要紧，礼数就顾不
得了。鲁迅文学院高研班学弟庆杰说："常言道，'喝
贝州老酒，吃德州扒鸡'，人生莫大享受。来到你的'前
世'之地，不喝点说得过去吗？"字字击中软肋，句
句戳到泪点。又想起19岁那年坐火车上北京，在德州
站台上买了只德州扒鸡，那个黄灿灿、香喷喷、油滋
滋，啃得我满嘴流油，吃得我满心欢喜，多年过去了，
当时的情形和心情，至今忘不了。把心一横，喝！即
便一命呜呼，也是魂归"故里"，也算死得其所。结果
安然无事，白白壮怀激烈一番。

　　抬眼望窗外，老树绽新枝。南运河德州段已成为
世界文化遗产，几只小鸟落在河畔大树上，叽叽喳喳
叫得挺欢，好像鸣叫的是"布谷，布谷"。又一个春天
来临了。

1 酒能让人回归本真，酒能让人卸掉面具，酒能让人无所顾忌。古代社会对女子的禁锢十分严重，所以平时她们都是带着一副假面小心谨慎地生活，哪能随意释放自己的情绪。

1. 如何理解"古来圣贤皆寂寞，惟有饮者留其名"？

_____

_____

2. 本文写作特点是什么？

_____

_____

3. 简述作者的写作思路。

_____

_____

历史深处的泾川

名师导读

　　本文以泾川的西王母文化为切入点，描写了泾川西王母居住地"回屋"和"瑶池"的描写，显示了西王母在人们心目中的重要地位。对朝圣盛景的描写展现了西王母信众之多。也从侧面显示了作者希望两岸同胞和睦相处的美好愿望。对"镇海之碑"、大兴国寺、王母宫石窟、南石窟的着重描写展现了佛教文化历史之悠久、对中国影响之深远，也展示了历代最高统治者对佛教的尊重和支持。

①因泾水得名的泾川，乃"长安畿辅、关中襟要"，扼陕甘宁之交通枢纽，居丝绸古道之要冲，系佛学东渐之"桥头堡"，为华夏文明之腹地，是祖国大西北重要的历史文化名城。

　　泾水，正是成语"泾渭分明"中的这个"泾"。李白有诗云："幽谷稍稍振庭柯，泾水浩浩扬湍波。"泾川闻名于世，不仅由于泾水，更因为西王母，也就是大名鼎鼎的王母娘娘。相传王母娘娘掌有不死之药和

❶ 总括泾川的特点，引出下文。泾川重要的交通和文化意义：交通地位——扼陕甘宁的交通枢纽，居丝绸古道的要冲；文化意义——华夏文明的腹地、历史文化名城、佛学东渐的"桥头堡"。

长寿蟠桃，是中国女仙之尊，也是最神秘的女君主。三千多年前，泾川是西王母古国境域。

泾川回山上的"回屋"，乃西王母居住地，也是西王母与东王公相会处。它就是王母宫。汉武帝巡幸泾川时，因见回山之巅云浮五色，与梦中西王母降临汉宫时情景相似，认为是西王母在此显灵，遂建之以纪念。王母宫平面呈"回"字形，宋代、明朝都曾重修。① 理所当然，它是国内外修建最早、规模最大的西王母文化建筑群，遗留下大量历代诗颂、典籍记载、碑铭文物，其中三个碑刻极为珍贵，它们是：北魏"南石窟寺之碑"、宋"重修回山王母宫颂碑"、元"镇海之碑"。"一碑三刻"的瑰宝级"重修回山王母宫颂碑"，碑文记述了有关西王母宴请周穆王以及与汉武帝相会的传说。

① 通过对西王母碑刻的列举说明了西王母文化的历史悠久和深入人心。

遗憾的是，对西王母与东王公的相会情形，传说语焉不详。在我的感觉中，西王母娘娘那可是风情万种，在史书记载中，东王公是代表"阳"的男神，这"金风玉露一相逢"，到底会是什么样的情形呢？周穆王、汉武帝也都在王母宫见过西王母，不过官方舆论和民间传说对他们用的词是"拜谒"。既是拜谒，自是执弟子礼甚恭。

回山南麓有瑶池[1]，是西王母的宫庭，传说中的西王母办蟠桃会大宴群仙之地。据出土于王母宫南侧的明代碑刻记载，每年的农历三月三日，西王母都要在瑶池举行蟠桃大会宴请众仙。现如今，每年这一天，

[1] 汉族神话中西王母居住的地方，位于昆仑山上。传说中的西王母瑶池有多处。因为"西王母虽以昆仑为宫，亦自有离宫别窟，游息之处，不专住一山也"（《山海经校注》）。

信众都会在回山王母宫自发组织祭祀活动。据不完全统计，全世界有两千多万西王母信众，最新的大数据显示，这个数目还在不断被刷新。

瑶池，也是西王母与周穆王欢宴之地。多愁善感的晚唐诗人李商隐，游览瑶池胜景时，触景伤情，挥毫咏叹：

> 瑶池阿母绮窗开
> 黄竹歌声动地哀；
> 八骏日行三万里
> 穆王何事不重来？

李商隐曾任职于泾川。任职泾川的历史名人还有：北魏名将奚康生、隋文帝之父杨忠、唐代名臣段秀实、北宋文豪范仲淹，以及从泾川谪守巴陵郡重修岳阳楼、成就了范仲淹不朽名篇《岳阳楼记》的滕子京等。

①"镇海之碑"也非常了得，它是元世祖忽必烈的圣旨碑，碑文用八思巴文镌刻，是极为罕见的八思巴文元碑珍品。该碑原立于城关镇水泉寺村水泉寺。元代，水泉寺的名称是"华严海印水泉禅寺"，镇海碑上的内容，就是忽必烈诏令保护该寺的圣旨。圣旨碑碑头阳刻"镇海之碑"字样，意即借此圣旨镇抚华严海印水泉禅寺，正面阴刻八思巴文碑文，大意为：忽必烈为泾川华严海印水泉禅寺颁旨，诏令皇室、地方官员、使臣、军人保护该寺，不要侵犯僧人的寺院、房舍、马匹、水土、碾磨等，同时要求和尚不要依仗圣旨做越轨的事情。庄重古朴的镇海之碑，是中国历史上蒙、藏、回、汉等民族大团结的真实见证，也是忽必烈维

① 对"镇海之碑"的细节描写说明了其内容和意义。可见古代的统治者明白宗教对维护和平的重要性。

115

护和平和宗教信仰自由的真实见证。

横贯东西纵贯南北，王母宫多得数不胜数，泾川王母宫才是第一真宫，被誉为"天下王母第一宫"。这可不是浪得虚名，有诸多史料、碑刻、古迹、民俗作证。台湾有很多民间信仰，其中非常重要的一支就是西王母信仰。一九九〇年，台湾二百多西王母信徒组成"朝圣团"，考察了山东泰山、新疆天池、泾川回山的王母池，最终，泾川回山遗址被认定为西王母发祥地，从此，台湾信众络绎不绝前来朝拜。信徒们将显灵圣像恭送至"回屋"安放，捐资修葺复建瑶池。

① 祖祠重辉，善果再续。台湾重要政治人物、中国国民党党主席吴伯雄，为在泾川举办的首届"华夏母亲节"题写墨宝：西王母乃华夏之尊母。

我抵达泾川的那天，正好台湾三百多位西王母信徒乘坐包机到来，在西王母显灵神光圣像前，他们齐刷刷跪拜的景象让我难以忘怀。全世界的西王母信徒会从四面八方纷至沓来，参加泾川每年一度的"西王母盛会"，台湾朝圣团是回山上必定出现的一道风景。泾川回山王母宫，已成为两岸宗教文化交流的重要载体，两岸同胞对西王母的共同信仰，极大地丰富了这一传承数千年的华夏文化。

② 本是同根生，华夏共尊母。华夏母亲，德泽两岸，光耀千年。

国境线内，所有的千佛洞都开凿在丝绸之路沿线。"回屋"旁依山开凿的王母宫石窟，属于北魏时期的佛教石窟。窟内原有大小佛菩萨雕像一千余尊，现存两百余尊，雕像和壁画都精美绝伦。窟外有木质四层凌云飞阁，十分庄严。王母宫石窟是古丝绸之路上的名窟，

❶ 细节描写说明中国国民党主席吴伯雄对西王母的敬仰。

❷ 此段承上启下。共尊西王母，表现了两岸同胞追求和睦的美好愿望，也表现了作者对两岸人民关系和睦相处的希望和祝愿。

具有很高的佛教文化考古价值，为全国重点文物保护单位。

和风丽日的早晨，我来到泾河北岸，俯视"泾水浩浩扬湍波"，瞻仰崖壁上的南石窟寺。

①据"南石窟碑"记载，南石窟寺也开凿于北魏时期。寺内"七佛一堂"的排列格式，除泾州外举世无双，代表着中国佛教石窟的另类艺术形式；寺顶雕像造型生动，是艺术珍品。寺中只有四号窟是在唐代开凿的，石窟正中供奉着文殊、普贤、观音三大菩萨，两侧壁画有十八罗汉，菩萨和罗汉皆栩栩如生。泾川南石窟寺与庆阳北石窟寺并称为"陇上石窟双明珠"，早就是全国重点文物保护单位。

沿泾河两岸，以南石窟寺为中心，有各类石窟群、龛六百多个，组成世所罕见的"百里石窟长廊"，令人叹为观止。所谓"西有敦煌莫高窟，东有泾川大云寺"，其实不尽然，在我看来，泾川的佛教石窟，无论从规模上还是艺术性来说，并不亚于敦煌莫高窟、大同云冈石窟、洛阳龙门石窟、天水麦积山石窟这"中国四大石窟艺术宝库"。

当然，大云寺的确名不虚传。

如果说，敦煌是一座佛教艺术的宝库，那么，泾川就是一处佛教信仰的宝藏。尤其是有大量史书详细记载的大云寺，更是非同凡响。

泾川大云寺的来历实在不简单。②先是因为隋文帝效仿印度阿育王，在六十大寿这天，下诏在全国建三十座舍利塔以"弘法护教"。时属长安门户、京畿之地的泾州（泾川旧称），遂建大兴国寺、舍利塔及地宫。据《大藏经》记载，隋文帝分给泾川大兴国寺十四粒

❶ 此处详细叙述了南石窟寺独特艺术形式和寺中的雕像造型、壁画的形态。丰富了文章的内容，吸引读者兴趣。

❷ 此段描写隋文帝对佛教的推崇成就了遗存至今的大量的佛寺、石窟、雕像等。

佛舍利，由高僧奉送而至。在中国佛教史上，最重要的舍利事件，就是阿育王建塔和隋文帝分舍利，二者都与泾川密不可分——据《法国国家图书馆藏敦煌西域文献》记载，阿育王第九塔建于泾州姑臧寺。

建成大兴国寺三百年后，武则天登基称帝。这个嫁过两个皇帝、生过两个皇帝还嫌不过瘾，干脆自己做了皇帝的奇女子，大概认为是佛祖菩萨保佑了她，终生笃信佛教。武则天推崇以女性经变故事为主题的《大云经》。武则天敕令诸州兴建大云寺，以珍藏"授记天女未来做女王"的奇书《大云经》。于是，泾州大云寺在隋代大兴国寺原址上兴建，动工之际，发现了地宫和佛骨舍利，武则天视为大吉大利，大赐奇珍异宝，命工艺大师做成金棺银椁铜匣，再配以石函，将佛骨舍利重新瘗葬放入地宫，建塔供奉。

历史风雨无坚不摧，隋唐修筑的佛塔无存，但地宫遗址尚在，世间珍品金棺银椁犹在，至尊至贵的佛祖舍利无损，这是泾川之幸。

当年，八十高龄的郭沫若亲自鉴定泾川大云寺出土的佛舍利，将其评定为国宝级文物，刻字"大周泾州大云寺舍利之函总一十四粒"的石函，更是被郭老奉若至宝，其竟言"舍利石函，贵在石函"。《中国大百科全书·考古学卷》称：泾川大云寺地宫和石函中的金棺银椁铜匣，最早将中国传统的棺椁葬制引入佛教，反映了唐代在舍利瘗埋制度上的划时代变革，在佛教考古界具有十分重要的意义。

我想起十多年前，泾川大云寺出土的佛舍利进京、首次在国内公开展示的情景：在"中国的文明——世纪国宝展Ⅱ"展厅，每位瞻仰者只能停留三十秒，现场气氛肃穆而神秘，前来拜谒者络绎不绝。作为中华优秀文化遗产代表，泾川大云寺佛舍利及其五重套函，还曾多次到美国、日本、英国、法国、瑞士、新加坡等国家巡回展出。

后来，就在大云寺西侧，北周时期的宝宁寺遗址也被挖掘了出来，也出土了佛舍利套函，内有佛舍利数十粒。

2012 年的最后一天，又是几位劳作的农人，也还是在不经意间，挖出了两个佛像窖藏，其中有真金贴面的佛头造像。九天后，再次意外发现两座地宫，其中一座为宋代龙兴寺地宫，地宫内的陶棺盛放着"佛舍利二千余粒并佛牙佛骨"，让世人叹为观止。这一发现，被国内学术界一致认为是古丝绸之路上的重大考古发现。

①还没有哪个地方像泾川一样，在短短五十年内先后三次发现佛舍利；也没有哪个地方像泾川一样，先后有过十四位帝王下诏或敕赐兴办佛事。泾川出土、现存的舍利塔遗址、佛舍利、石窟、佛像等，达一千五百多处，数量之多、规格之高，世间少有。兴造铜佛像，也是泾川开了先河。泾川发现的鎏金华盖四件组装铜佛像，或是国内最早的铜佛像。

如此密集的佛教文化遗存，如此丰盛的佛教文化资源，充分证明：②佛教从丝绸之路传入中国，泾川首当其冲；在佛教中国化的过程中，泾川举足轻重功莫大焉；泾川是古丝绸之路西出长安之后的佛教文化中心，是多元文化的交汇地，在佛教文化发展史上具有非常重要的地位。

泾水浩浩，养育了一代又一代泾川子民。泾川大地，

❶ 此处运用对比和排比的修辞手法说明泾川深得古代帝王的看重，先后有十四位帝王在此下诏或敕赐兴办佛事，绝无仅有；也说明此处佛教遗址之多、舍利之多，竟然在五十年之内三次发现舍利，泾川历史上佛事之盛是空前绝后的。

❷ 一组排比句说明泾川近水楼台先得月，它占据了丝绸之路上佛教传入中国的必经之路。可以说泾川是中国佛教的发祥地，在中国佛教的发展史上占据重要地位。

熠熠生辉。仰望苍穹,泾川历史的天空,漫天神佛星斗。

来到泾川,喝过泾水,从民俗角度探究过泾川百姓的生活,对于中国历史的源远流长,对于民族文化的博大精深,对于丝绸之路的伟大功绩,对于佛道共融、万法归宗的民间信仰,我有了更为深切的理解。

延伸思考

1. 简述本文主题。

_____

_____

2. 简述镇海之碑的来历、内容及历史意义。

_____

_____

第四辑 大好合山

　　进入古属南越国的合山境内，就像
走进了一首简素清新的诗词：清澈湛蓝
的天空、沁人心脾的空气、枝繁叶茂的
树木、百卉含英的花草、带着花生奶糖
味道的阳光……市郊是连片的美丽田野，
五谷为之着色！

作家带你练

【2021—2022 学年陕西省西安市莲湖区高一（下）期末语文试卷】
阅读下面的文字，完成下列各题。（15 分）

隐匿的王城（节选）

①站在高高的石峁古城上，耳畔猎猎作响的朔风仿佛来自上古洪荒。

②放眼四望，东面是奔腾咆哮的黄河，西面是苍凉的黄土高坡，南面是沧桑的古长城，北面是苍茫的毛乌素沙漠。亘古不息的秃尾河、窟野河，从城址两侧浩浩荡荡流过。

③在这片比国家还要古老的土地上，在这比人类还要久远的"两河流域"，被定义为"改写中国文明史"的石峁遗址横空出世。

④这儿是陕北神木县高家堡镇，游牧文明与农耕文明的交错区域。"天之高焉，地之古焉，惟陕之北"。神木充满了奇迹，名称就是一个传奇。极富特色的明代古镇高家堡，古时为边陲要塞、兵家重地，是全国历史文化名镇、陕北四大名堡之一，尤以"城小拐角大""城小神灵大"闻名。

⑤这是一座总面积超过 400 万平方米的三重结构的石城，石城

的核心区域是外城、内城和"皇城台"。这是一项超级工程，后来被确认为迄今"中国乃至东亚最大史前古城"。

⑥"皇城台"是今人赋予的名称，它类似于玛雅金字塔结构，是王的宫殿，是王的权力高台，历经几千年风雨洗礼依然傲然屹立。等级分明、"宫禁森严"的建筑格局，昭示威严的王权凛然不可侵犯；类似北京紫禁城的环套结构设计，开启中国古代都城建筑格局之先河。

⑦壮观的皇城台下，构筑精良的城墙绵延数十公里，Z字形门道连接着内外瓮城，门道两侧有两两相对的四个门塾（岗哨），门道内侧是两座高大的南北墩台，距城门不远处有马面、角台等城防设施。这是一座完备的军事防城，是整个东亚地区史前最完善的城防体系，说明四千多年前此地战事频仍、政治格局复杂。看来，人类天生就是政治动物。

⑧是哪位盖世英豪建造起这座宏伟都城？是谁站在庄严的皇城台上号令天下？

⑨A 它是黄帝之墟。它是夏启之都。它是羌人之城。它是匈奴鬼方城。它是上古西夏都……众说纷纭，莫衷一是。每一个可能性的背后，又有多个其他的推测或疑虑冒出来。著名历史学家提出的"黄帝之墟"一说，最引人注目，最令人兴奋。很多人愿意相信：B 这座众星拱月的塞上之城，这座气势恢宏的史前城池，这座上古时期的建筑巅峰之作，正是《山海经》中描述的"昆仑之墟""黄帝的昆仑城"。对黄帝在陕北的行踪，《史记》《汉书》都有记载，况且石峁古城的初建年代与黄帝在陕北的活动时间大致吻合，而邻近石峁的桥山、肤施就有黄帝冢墓、黄帝祠堂，在时空上都接上了轨，由此似乎更能确定石峁古城即为黄帝之都。

⑩当然，这只是推测而非考证，至少证据还不够充分。考古界虽然少门户之见，却向来有信古派、疑古派之别，"石峁古城是黄帝之都"结论的产生，自然会引起国内外学界的广泛兴趣，也必然带

来学者的质疑和争议。最激烈的反驳，依据于石峁古城"不见于历史文献记载"、黄帝"只是一个传说"。

⑪哪个才是正解？被掩埋、湮没数千年的石城缄默不语。或许，对于尚未确证的事情，最好的态度是偏向于怀疑？

⑫过去相当长一段时期里，人们被长城遮挡了视野，把中国古代史看作是长城以南的事情，过分夸大了中原文化的作用。其实，早在20世纪初，人类学家就在英金河畔的红山上嗅到了远古文明的气息，现代考古学家李济60年前也排众而出，提出"长城以北列祖列宗"的观点并敦促同行："我们应当用我们的眼睛，用我们的腿，到长城以北去找中国古代史的资料，那里有我们更老的老家。"

⑬石峁古城存续了大约500年，C 留给我们一座隐匿的废都、一个王朝的背影、一部上古的史诗。它是黄帝肇启之都，还是一段文明孤旅？它因何废弃，人们去了哪里？石峁古城的伟大，在于它还只开掘出冰山一角，就已见证了石峁古人强大的创造力，展示了史前中华先民的历史足迹和文明历程。石峁王国的辉煌，石峁古城的衰落，还隐藏着无数的秘密，还有太多的谜团等待揭开谜底。古埃及、古希腊、古巴比伦文明已绝迹，石峁文明能登上人类文明史的世界舞台吗？

⑭拭目以待，时间是最伟大的裁判者。

（选自《延河》，有删改）

1. 下列对文章相关内容和艺术特色的分析鉴赏，不正确的一项是（　　　）（3分）

A. 文章开头两段的环境描写，看似满眼的沧桑，实则给人以苍劲雄浑之感，同时也突现了石峁古城的历史厚重感。

B. 为了战争的需要，四千多年前的人们修建了这座军事防御完备的宏伟都城，建立了整个东亚地区史前最完善的城防体系。

C. 石峁古城的考古，更有力地证明了中华文明的起源和影响应该远比我们传统观点认为的范围要大的多。

D. 文章最后两段主要以议论的笔调作结，包含了作者对石峁古城的赞颂和期待之情，这样作结更富于感染力。

2. 文章多处运用排比的手法，画横线的三处排比句在文中各有什么表达作用？请简要分析。（6分）

_____

_____

_____

3. 为什么说石峁古城"改写中国文明史"？请结合文章内容简要概括。（6分）

_____

_____

_____

墩仔寨

名师导读▶

　　本文采用从宏观到微观再到宏观的描写方法，先从宏观俯瞰墩仔寨的外形特点；然后走进墩仔寨，详细描写了墩仔寨造型之奇、门槛之特、布局之精巧，由此赞叹设计者的奇思妙想；最后从后山俯瞰墩仔寨的外形，和前面相呼应。让我们一起感受墩仔寨的奇特吧！

❶ 从宏观的角度俯瞰墩仔寨的外形特点。

　　①从上空俯视，这座占地十余亩、呈椭圆形、中间高四周低的寨子，这座建立在一块一万多平方米大石墩上的寨子，这座在大石墩半坡筑成的龟形客家围龙屋，形状奇特，令人惊叹。

　　它叫墩仔寨，位于广东省汕尾市陆河县水唇镇墩塘村，始建于清顺治十七年。

① 客家"围龙屋"与北京四合院、陕西窑洞、广西"杆栏式"、云南"一颗印"，被中外建筑学界合称为"中国五大民居建筑形式"。墩仔寨，这座奇特的龟形客家围龙古寨，是世界上独一无二的建筑形态，是中外建筑史上的经典之作。

寨子坐东朝西，寨门高高在上。远远望去，就能看到有一座飞檐燕尾楼从寨子围墙里突出来，牌楼上镌刻着"川岳钟英"四字，意为山河锦绣、风水宝地。登上几层石阶，便可看见两层三重门，这是古寨的西门，也是正门。② 门楼上有两个圆窗，神似一对龟目；门楼中间的方窗，造型酷似龟鼻，紧凑在"龟目"中央下方，作观察瞭望之用；大圆拱门似龟口大张，据说利于吸纳四面八方之财。

③ 墩仔寨造型之奇独一无二，门槛之特也举世无双。村民说，当年建寨者宇文公请来高明的风水师勘察风水，明师按地形选方位，格准分金，确定朝东、西两方开门。动土兴工时，在原定开东、西两门的地方锄开表土，竟然出现两道天然生成的石门槛，而且都是长三尺六寸——木干尺尺寸中的三尺六寸是财丁兴旺之数，实在令人称奇叫绝。

④ 越过西门天然门槛，就进入了古寨。从西门到东门，直线距离九十六米。十二条横巷左右穿插于主街道两边，使东、西两街贯通相连。古寨两百多间错落有致的房屋，统一由土砖、木头、青瓦建造而成，共同交织出一片巨大的龟背纹。置身于古寨，犹如身处迷宫，若无村民引路，外人很难辨别南北西东。

寨子正中心有一块凸起的石头，叫龟背石，是整座围龙屋的至高点。跨过东门天然门槛，可看到门外

❶ 指明墩仔寨在中外建筑史上所占据的地位，体现了客家人的聪明智慧。

❷ 从微观的角度详细描写了墩仔寨的建筑特点，神似龟目的圆窗、酷似龟鼻的方窗、似龟口大开的大圆拱门。

❸ 此句承上启下，总结上文造型之奇，并引出下文门槛之特。

❹ 作者简洁精确地介绍了古寨巧妙的位置布局，突出墩仔寨建造设计者的聪慧。

也有一块凸石，状似龟尾，叫龟尾石，与寨基石相连。

大自然这般神奇造化，令我绝倒。

西门和东门上，都开有向外的炮眼，用以防御盗贼抵御外敌。为了保护寨子风水，嘉庆年间，东、西两门外开始设立"禁碑石"。

①龟形围龙屋的外围，是迂回相通的跑马巷，跑马道边有上学堂和下学堂，"学堂巷"牌匾犹在。小小墩仔村，清朝出过一百三十五位举人、秀才、仕臣，可见其钟灵毓秀风水之佳。

在龟形围龙屋外围的外围，有九口池塘围绕着一口方方正正的古井，古井名神泉龙井。八十六岁的村民余阿公健步如飞，领着我们来到井边，声如洪钟地讲述此井之神之奇：它永不干涸，也永不渗出，即使井外洪水泛滥，井水还是清澈见底……

②暴雨过后，站在后山顶俯瞰，墩仔寨恰似一只大龟在湖中游弋。

墩仔寨寿星特别多，小小村寨有十多位九十岁以上高龄老人，曾有一位寿星达一百零六岁。村民说，这和大石墩有关，和围龙屋呈龟形有关，和神泉龙井有关。

像其他村寨一样，墩仔寨有不少屋子已人去楼空，只留下残垣断壁供后人凭吊追忆。自从获评"广东十大特色古村落"后，沉寂多年的墩仔寨，获得了新的生机，成为汕尾最著名的景观，国内外游客纷至沓来，墩仔寨已然喧哗与骚动。

❶ 小小墩仔寨人才辈出，和上文古寨精巧的设计相呼应，再次印证客家人的智慧。

❷ 此处又回归宏观的角度俯瞰墩仔寨的外形，道出了大自然的神奇和人们的巧思，突显了建造者的胸怀宽广、视野广大。

延伸思考

1. 阅读全文，分析文章主旨。

2. 简要概括文中介绍了墩仔寨有哪些特点？有哪些与众不同之处？

越王山下

名师导读

这座具有王者气派的越王山，因忠勇有谋的南越王赵佗而得名，拥有着丰厚的历史文化资源和秀美风光。作者在文中不仅详细介绍了越王山名字的由来，并以此为线索，讲述了赵佗英勇奋战的历史故事，同时详细描写了越王山的美好景色。让我们一起跟着作者的脚步，感受越王山的气势吧！

这是一座具有王者气派的雄伟大山，方圆两平方公里，从远处看，它四面绝壁，浑如一位大王在士兵护卫下雄视四方。

它是越王山，耸立于广东省河源市紫金县古竹镇东江河畔，以南越王赵佗得名。

遥思两千多年前，秦始皇兼并六国后，派五十万大军进攻南越，忠勇有谋的河北正定人赵佗，受命"南取百越之地"，率军平定岭南。湖北汉墓出土的《淮南子·人间训》竹简，有秦始皇发兵岭南的记载。

① 赵佗不负使命，岭南纳入秦版图，华夏一统，

❶ 简述赵佗征战岭南取得的成就，体现了赵佗能征善战，为华夏统一做出了巨大贡献。

龙川置县，秦始皇任命赵佗为县令并就地戍边。秦末，中原战乱频仍，为保境安民，南海郡尉赵佗，发兵兼并桂林郡和象郡。广州南越王宫遗址出土了秦铁矛等秦军重要武器，它们就是当年征战的有力证据。

秦亡，汉朝天下大定，高祖四海称雄，恩威齐天，政通人和，赵佗接受册封，拜王封爵，成为南越王，并逐渐统一了岭南百越诸部。

吕后临朝，朝中情势汹涌，汉越交恶，本就有凌云之志的赵佗，对何去何从权衡不定。一日，他顺东江南下番禺，船经古竹，见此山气势磅礴，心中一动，便下船上山。他登高望远，雄心勃发，决定来一场政治豪赌：称帝。历史总是奉迎强有力的人，他赢了。赵佗建立了南越国，定都番禺，与吕后抗衡。南越王墓出土的玉石"帝印"、"文帝行玺"金印、木简、铜钮钟、石编磬等珍贵文物，印证了《史记》《汉书》关于赵佗建立南越国的记载。

南越国疆域广大，辖今广东、广西等地区。在广州南越王宫遗址出土的木简中，一枚墨书上有"横山"地名。经考证，此横山位于今越南中部，这说明南越国的疆土也包括了今越南中北部。① 南越王宫遗址出土的"未央""长乐宫器"等铭款陶器，显示南越国仿效汉廷建立了自己的宫殿和宫苑。在政治和军事方面，南越国大多沿袭秦朝；在制度与文化方面，带有明显的中原色彩；在治国方针上，则实行"和辑百越""以越俗笼络越人"。

赵佗的确有乾坤之才，他纳贤举能、开疆拓土、凿山筑道、开渠通航，打通岭南与中原的交通脉络，大力发展内河航运与海上贸易，引进中原先进生产工

❶ 此处通过列举南越国在政治、军事、治国方面的方针政策，体现了赵佗的确是千年一遇的人才。

具，积极推广中原汉文化，使远离朝廷的岭南从蛮荒之地变成富饶之邦，使番禺（今广州）成为秦汉一大都会。开放与融合，让南越国力日渐强盛，几乎能与北方匈奴相提并论，当时有"强胡劲越"之谓。① 赵佗，被誉为岭南开发第一人，被尊为岭南人文的始祖，被毛泽东称为"南下干部第一人"。

❶ 总括赵佗对岭南的贡献。可见，他是岭南开疆拓土的重要人物。

看来，南方改革开放史，可以追溯到南越国。

当汉文帝身登大位、鼎定乾坤、号令天下，识见高卓器局宏大的赵佗，以华夏统一和民族团结为重，以君子之道对汉朝再行臣子之礼。汉越和解，赵佗功不可没。

计利当计天下利，求名当求万世名。赵佗与时俯仰，进退有度，进王退圣，千古流芳。

因赵佗而得名的越王山，集自然景象和人文景观于一体：天然大佛、乾坤石、转运石、千福岩、三圣岩、狮子岩……让人赞叹；神似赵佗头像的"王头像"，令人称奇；千年古寨门、打铁场、面壁岩、越王榻、越王谷、越王石……这些历史遗迹，都与南越王有关。越王山上遍布摩崖石刻，均为名人要员所题，其中"世界潮流浩浩荡荡，顺之则昌逆之则亡"格外醒目，为祖籍紫金的孙中山先生所书。

然而，最让我感兴趣的不是越王山，也不是南越王，而是越王山下的龙川、佗城。

❷ 承上启下。说明了龙川对赵佗的事业所发挥的重要作用。突出描写了赵佗的政治才能和经济头脑。

至今保留最古县名的龙川，是联合国认定的"千年古县"，乃"珠江东水开端，岭南古县第一"。因地理位置独特，古龙川成为中原进入岭南的要塞，成为中国最早的移民之城，成为中原与百越的文化融合地。② 当年，赵佗通过筑城营防、移民实边、屯垦定居等措施，使龙川快速成为百越首邑、岭南重镇、商贸都会；兴旺繁盛的龙川，也成为赵佗的"兴王之地"。

英雄崇拜，在历朝历代都是社会常态、大众心理。为纪念龙川首任县令赵佗，民国时期，龙川易名佗城。

龙川是一座美丽的山水城，苏东坡诗作《龙川八景》，将其描绘得淋漓尽致："鳌湖湖水漾金波，鳌顶峰高积雪多。太乙仙岩吹铁笛，东山暮鼓诵弥陀。龙潭飞瀑悬千尺，梅村横舟客家过。纵步龙台闲眺望，合溪温水汇长河。"

佗城位于现龙川县最南端，是最早的龙川故城，素有"秦朝古邑、汉唐名城"之美誉。看似不起眼的小镇，散落着诸多历史遗存：新石器时代的坑子里文化遗址、牛背岭，①秦时的城基、越王井、赵佗故居、马箭岗、点将台，隋代的考棚、东山寺，唐朝的学宫、正相塔、正相寺，宋代的苏堤、古码头、越王庙、循州治所，明朝的城墙、城隍庙、仙塔桥、天后宫，清朝的县前街、南门街、百岁街、东门街，民国时期的龙川商会……不胜枚举。

②全国有不少东山寺，以佗城东山寺最为有名，端赖苏东坡的七言绝句："首营古寺在东山，底事钟鸣向暮间。一百八声声响后，僧人从此锁禅关。"始建于东晋、形状恰似"双龙戏珠、铁扇关门"的鹿湖禅寺，也是龙川一大胜景圣境。

佗城南山古寺更是了得，与姑苏寒山古寺并称于世，古语"寒山晨钟，南山暮鼓"说的就是它们，"晨钟暮鼓"即来源于此。③南山古寺位于东江之畔、南山之麓，南山主峰如莲座，四周辅山层叠如莲瓣，向正中形成朝笏之势，可谓形胜奇绝。据《南山寺志》

① 列举众多的人文景观遗址，显示了佗城悠久的历史和昔日的繁荣景象。

② 引用苏东坡的诗句描绘东山寺的特点。文人墨客对景观的重要影响意义再次得到印证。

③ 运用比喻的修辞，分别将主峰与四周辅山比作莲座与莲瓣，生动形象地写出了南山寺的整体景观。

133

记载，南山古寺兴盛于唐朝开元年间，历代高僧文人驻足，六祖惠能曾于此汲水避难，大颠禅师曾于此驻锡弘法，惭愧祖师曾于此求法证道，韩愈曾在本寺著文施教，李商隐曾隐居本寺吟诗作赋，苏东坡曾于本寺参禅问道……

当年，苏轼贬谪惠州不久，其弟苏辙也因上疏论谏谪居循州（龙川），秋日，苏东坡从惠州溯东江而上循州，苏辙喜出望外，难兄难弟携手同游，十分尽兴。除了历史上著名的"龙川八景"，被誉为"丹霞山第二"的龙川霍山，也让东坡称赞有加："霍山佳气绕葱茏，势压循州第一峰。石径面尘随雨扫，洞门无锁借云封。船头昔日仙曾渡，瓮里当年酒更浓。捷步登临开眼界，江南秀色映瞳瞳。"

苏辙则更多地感慨、感恩于当地乡民之厚德深谊："获罪清时世共憎，龙川父老尚相寻。直须便作乡关看，莫起天涯万里心。"

据《龙川县志》记载，苏辙幽居嶅湖之畔白云桥西，闭门著述《龙川略志》《龙川别志》，其间，嶅湖旱涝不断，苏辙以兄长为榜样，率众筑堤，之后嶅湖波平如镜，润泽于民。后人为纪念苏辙，将嶅湖堤改名为"苏堤"。① 苏门双杰，苏堤并立。嶅湖旧貌换新颜后，苏东坡又为龙川赋诗一首："嶅湖湖水水澄清，最喜秋来月漾金。夜静问渠天在水，嫦娥推倒玉轮沉。"清康熙年间，时任县令将嶅湖边的关帝庙改建为嶅湖书院，嶅湖书院曾闻名遐迩，惜乎后来不知所终。

正相塔原名开元塔，系六角形楼阁式砖塔，始建于唐开元三年，是广东省重点保护文物。宋代名相吴潜被贬龙川时，就住在开元塔下开元寺里，为了纪念

❶ 苏轼兄弟分别在西湖、嶅湖筑堤，让湖边民众脱离了水患之苦，深受当地百姓的爱戴。

刚正不阿的吴潜，佗城老百姓改称"开元塔"为"正相塔"，将"开元寺"改称为"正相寺"。

①佗城学宫即龙川孔庙，建筑规模极为宏伟。它始建于唐朝，元、明、清三代不断遭到兵燹、毁坏，又不断重建、修复，现存的大成殿、明伦堂和尊经阁，是清康熙七年的建筑。大成殿内，康熙大帝御书"万世师表"金字牌匾下，大成至圣先师孔夫子肃穆端坐；嘉庆皇帝御颁的"至圣先师大成殿"金匾，则高悬于殿门之上。考棚又称贡院，是科举时代士子们应试的考场、读书人的"龙门"。龙川考棚离佗城学宫不远，由大门楼、至公堂、官员寓所和文武考场组成。②学宫与考棚并存，全国仅剩两处：广东龙川一处，河北定州一处。

作为年代最为久远的客家古邑，佗城镇全境有着近两百个姓氏，几乎一户一姓的佗城村，堪称"中华姓氏第一村"。作为"中华古祠堂博物馆"，佗城曾建有一百多座祠堂，至今完好保存着近五十个，在百岁街、横街和中山街，每走几步就能看见一个祠堂，可见其宗姓之繁多。来到佗城寻根拜祖，是许多游人的乐趣所在。佗城百姓友善好客，我请求进院拍摄老宅，每家每户都微笑应允。

城基、古井、学宫、考棚、寺庙、高塔、民居、祠堂、码头、商会等古建筑，共同见证着佗城昔日的辉煌与沧桑。

近现代史上的龙川，农民运动风起云涌，东江纵队威名远扬，"文化大营救"砥柱中流。1941年末，香港沦陷，一批暂居香港的文化界名人、抗日爱国民主人士处境十分危险，周恩来指示八路军驻港办事处

❶ 孔庙建筑规模的恢弘，反映了古代统治者对教育的重视。

❷ 可见遗迹存世多么不容易，历经千百年的风吹雨打，再加上战争的破坏，留存下来实属不易。

负责人廖承志，要求不惜一切代价把这些人全部转送出港。在艰苦卓绝的"文化大营救"中，龙川是营救路线上非常重要的一环，最终，^①何香凝、柳亚子、茅盾、邹韬奋、夏衍、范长江、张友渔、廖沫沙、戈宝权、胡风、胡绳、丁聪、叶浅予、黄药眠、蔡楚生、金山、章泯、胡蝶等近百名爱国人士和文化界名人，毫发无损抵达安全区，这场被茅盾称为"抗战以来最伟大的抢救"，为中华民族和新中国保存了一大批文化精英，在中国共产党历史上具有重大意义。

岁月流逝，世事沧桑。在历史长河中曾波澜壮阔的龙川，弥散着秦汉古风唐宋遗韵的佗城，而今是岭南民俗风情的万花筒，是中国城镇文化进程的活化石。历史文化名城很多，但像龙川、佗城这样气质的很少。

❶ 营救活动艰难惊险，近百名爱国人士和文化名人竟然能毫发无损地抵达安全区，足见共产党人的聪明智慧，以及对文化精英的珍视。

延伸思考

1. 作者列举越王山的历史遗迹有什么用途？

_____

_____

2. 在本文中，赵佗称帝后为治国推行了哪些举措？

_____

_____

3. 作者详细描写"文化大营救"有什么作用？

_____

_____

大好合山

名师导读

本文采用移步换景的方法，使读者跟随作者的脚步，用作者的眼睛，观赏合山优美的风景，追逐合山的奇石，感受骑行的乐趣……从红河公园写到红水河，从红水河写到马安奇石。天下奇石在柳州，柳州奇石看合山。合山奇石是大自然对合山的慷慨，是造物主对壮乡的馈赠。文章由奇石又过渡到大自然的又一馈赠——煤矿。废旧的矿坑加上劳动人民的智慧就是美丽的矿山公园，不但变废为宝，还给人们带来了无尽的乐趣。放眼恬静舒适的乡村生活，作者满眼满心的羡慕和向往。

从南宁到合山，坐汽车全程150公里，一路"远山如黛，近水含烟"，让我目不暇接，以为到了"山水甲天下"的桂林。进入古属南越国的合山境内，就像走进了一首简素清新的诗歌：① 清澈湛蓝的天空、沁人心脾的空气、枝繁叶茂的树木、百卉含英的花草、带着花生奶糖味道的阳光……市郊是连片的美丽田野，

① 对合山如仙境一般的环境进行描写，表达了作者对合山的热爱之情。

五谷为之着色！

入夜，下榻的市委招待所万籁俱寂。"相与步于中庭。庭下如积水空明，水中藻、荇交横，盖竹柏影也。"真切体验了一把东坡之意趣。

① 一觉睡到太阳高照，这样安宁的睡眠，久违了。窗外花影摇曳，鸟鸣蝉噪，真美，真好。

时任合山市委书记莫莲酷爱文学，听说一干"著名作家"来了，立刻放下手头事务，匆匆赶了过来。② 女书记性格豪爽，笑语朗朗，一会儿念诗，一会儿唱歌，一会儿展示她的民族服美照，兴致勃勃地当着我们的向导。

探访合山小城，最好的出发点是红河公园。"气象万千红水河，山光水色休闲地"，亲身实地领略，便知所言非虚。充满着神秘感的红水河，自西向南绕市而过。红水河鱼品种多样品质上乘，据说每天垂钓者甚多，不过我们到达河岸时，只看到长长一排钓鱼竿，至少有 30 根吧，不知道"姜太公"们躲哪儿凉快去了。在水一方，没看见佳人，倒有一个壮汉在给爱犬洗澡。身形高大的狗狗似乎非常受用，一直咧着嘴冲来人傻笑，惹得大家争先恐后围上去拍照。③ 他们大概见得多了，淡定得很。

红水河沿岸码头与公路连接，一年四季将丰富的水产品从合山往外运。最受欢迎的"水产品"是马安奇石，它主要产自红水河马安村河段，为合山独有的奇石品种，包括彩陶石、壮锦石、化石等 10 多种，色彩斑斓、石质上佳、形神皆备，无须打磨、雕琢、粉饰，是妙境天成的艺术品，具有很高的鉴赏及收藏价值。

这是大自然对合山的慷慨，是造物主对壮乡的

---

❶ 远离尘世的喧嚣，来到世外桃源般的合山仙境令人心旷神怡，身心放松。

❷ 寥寥几语写出了合山市委书记莫莲的纯真爽朗，以及她对文学的酷爱。

❸ 面对人们的热情拍照，憨厚纯朴的壮汉能保持淡定，身形高大的狗狗也能保持淡定，如此反应，反衬出此处游人之多。

馈赠。

作为"中国观赏石之乡",合山自然少不了一座"奇石博物馆"。^①馆内收藏各类奇石 500 多件,以彩陶石为主,马安奇石是镇馆之宝。"天下奇石在柳州,柳州奇石看合山",合山奇石共有 30 多个品种,都很受藏石者喜爱。其中,绿彩陶、葫芦石、鸳鸯石、黄釉石、卷纹石更是质地细腻、色彩艳丽、鬼斧神工,被誉为合山"五大名石",它们美不胜收,盛名在外,最名贵者一块价值千万,吸引着天下爱石者纷至沓来。

合山奇石被发掘尚不足 30 年,却颠覆了中国千年来的赏石观念:古典赏石通常以太湖石、灵璧石、英石、昆石四大名石为代表,以北宋大书画家米芾提出的"瘦、皱、漏、透"相石四法为准则,而由于合山奇石的横空出世,^②马安奇石等成为爱石者的新宠和首选,赏石标准也转换为"形、质、色、纹、韵"。瑰丽的合山奇石,使赏石领域出现一片新气象。

合山之石,可以攻玉。

精美的石头会勾魂,把我和秋子姐迷得魂不守舍。午饭后,我俩迫不及待奔向街市。合山新民谚道:"一条街道,两排大树,三个乡镇,四家班子……"在合山这"一条街道"上,奇石店铺店挨店铺对铺,可谓鳞次栉比。有意思的是,^③店主都是须眉粗汉,没有见到一个蛾眉娇娘。店主们个个好脾气高素质,对我们的横挑竖拣很耐心,对我们的吹毛求疵不恼火,对我们的"一毛不拔"也保持风度。不仅如此,店主对我们提出的各种要求,如果自家店里满足不了,还会善意无私地推荐别家。我和秋子姐走了一家又一家,看了一屋又一屋,翻了一堆又一堆,淘了一遍又一遍。

❶ 描写合山石头之奇、名声之大、价值之高。合山奇石是处在巅峰的珍宝,品种多、质地好、色彩艳丽……无不展示着大自然的鬼斧神工。美不胜收的盛名、价值千万的名石无不是大自然对合山的馈赠。

❷ 马安奇石颠覆了千百年来人们的赏石标准,可见马安奇石的独特性以及它在赏石界的重要地位。

❸ 体现了合山奇石店铺店主的淳朴善良,宽容大度。

最终，我将云根吉象、梅花图案的绿彩陶，"千里江山图"的卷纹石，"云想衣裳花想容"的黄釉石……尽入囊中。我不以升值为目的，出手全凭感觉，无论品种、大小，不管皮色、贵贱，入眼就好，有缘就收。不只是喜爱，还图个吉利，古人言"居无石不安，斋无石不雅"嘛。秋子姐买得更多，大大小小、花花绿绿的，大概有几十公斤。她本就是有备而来，不久便有奇遇，入手一块价值不菲的美石——观音菩萨天然成像的鸳鸯绿彩陶，她心满意足，我羡慕嫉妒。① 开会时间到了，我俩意犹未尽，最后只好狂奔回去。晚上休闲时间，我俩一刻也不愿耽误，拽着大石和小石，扯着阿文和阿民，急火火往石头店里跑。本地人小石是石头迷，也是行家，乐此不疲，早有斩获。我挑选出来的一块"满天星"图案化石，被阿文横刀夺爱，他当即掏出现钞，先下手为强，恨得我牙根直痒痒。大石却眨眼间就溜了，还拐跑了阿民。晚上十点半，街店要打烊了，我们也满载而归。路上，我忍不住感叹："这些奇石多美呀，大石怎么就不动心呢？亏得他还姓石呢。""哎，还真是的"秋子姐说，"除了工作，他好像对什么都不感兴趣，也从来没见过他凝视哪个美女……"背后有响动，我俩一回头，都吓了一跳，大石不知从哪儿冒了出来，刚才的话全听了去，但依然不动声色。

② 是夜，将宝贝们安放枕边，看了又看，摸了又摸，然后，又睡了一个美美的好觉。

③ 马安奇石"出水"时间短，合山煤炭出土历史则已逾百年。故乡是"江南煤都"，因而我对"广西煤都"合山，比旁人更多出几分别样的感情。始采于清光绪年间的合山煤矿，曾经的中南五省第一大矿——东矿，

① 合山奇石具有摄人心魄的魅力，对于我们这样不懂石的人尚且有如此大的魅力，对于懂石的人就更可想而知了。

② 运用一系列动作体现出作者对奇石的爱不释手，也更加体现了奇石的魅力无穷。

③ 此句在这里有承上启下的过渡作用，承接上文并引出下文。

如今华丽转身为"广西合山国家矿山公园"。传输煤块的地下通道、采挖煤石的矿井洞穴、运送煤炭的斑驳铁轨、刻满时代印记的低矮煤楼……无声诉说着岁月沧桑，使我生出几丝惆怅。创意火车餐厅侧畔的巨幅墙画和大型浮雕，生动地展现出热火朝天的煤矿生产场景。采矿工艺和绘画艺术的完美结合，让合山这个昔日的"光热城"光芒重现，亦让我惊艳。

骑行铁路是这个矿山公园的精髓。来合铁路是广西的第一条铁路，于1935年在李宗仁支持下兴建，1938年12月建成通车，它对于合山成为祖国西南地区重要煤炭基地、广西最大的能源基地，起到了举足轻重的作用。随着废弃煤矿变身美丽公园，东矿至柳矿铁路线被打造成观光铁路——中国第一条骑行铁路。这条观光铁路，还有一个诗意的名称：十里花廊。
① 这是我第一次见识"铁路自行车"——四个轮子在铁轨上跑的"自行车"，其实它的外形更像没有架设炮筒的坦克。四人座的铁路自行车，前排坐两个司机，后座两个乘客，车身两侧安装着脚踏板链条，链条转动驱使"自行车"前进。它起源于美国西部，在中国尚属新生事物。我们呼朋唤友，纷纷招兵买马；人马欢腾，车轮滚滚。这车前后左右没有遮挡，视野开阔，绝对拉风，坐上它确实有西部牛仔之感。相形之下，阿里山森林小火车弱爆了。

我觉得"十里花廊"不如"十里画廊"贴切，尽管沿途一簇簇野花摇曳生姿。观光铁路四周，风景全是纯天然的，没有那些无聊的人造景观来大煞风景，让人心旷神怡：一丛丛灌木，一条条小溪，一片片玉米地，一排排桉树——高高挺拔的小叶桉树，张扬着

❶ 运用比喻的修辞将铁路自行车比作没有架设炮筒的坦克，生动且形象地描绘出了铁路自行车的整体外观特点。

它们的美丽和骄傲；树木、花丛、玉米地深处，一栋栋民居若隐若现……而穿过七色彩虹桥时，仿佛驶入了一个童话世界。

除了老凡、大黄两个"胖乎乎的地主老爷"，一直摇头晃脑地享受着别人的"伺候"，其他人全都抢着当司机，比赛谁踩得更快。① 车也给力，最高时速能达到30公里。我发现这车蹬起来很轻松，操作非常简单，一点儿也不需要特殊技能，便把坐在前排的鲁若拽下来，神气活现地坐了上去。微风拂面，感觉妙不可言；笑声不绝，顺着铁轨流淌。而且，车身的前后还安装了缓冲器，"驾驶舱"有脚踏刹车，"乘客舱"有手动刹车，在多重安全装置保护下，是不会轻易发生安全事故的。一路高歌到达终点，我跳下车，举起手机对着流动车龙拍照，只见为首的"龙头"上，大石像踩着风火轮的哪吒，风驰电掣奔腾过来，笑得一派天真烂漫。

这还是平日里那个不苟言笑的大石吗？我几乎不敢相信自己的眼睛。"人是环境的产物"，看来真是至理名言啊。

合山煤矿职工居住区，距国家矿山公园大约10公里。② 别具一格的老屋，南北通透的方窗，高低错落的台阶，花红柳绿的庭院，爬满藤蔓的围墙，丰收喜人的果园菜地，懒洋洋晒太阳的花猫，眼皮半睁不睁的看家狗，三五成群抢虫子吃的走地鸡……都那么具有年代感，都那么充满家的气息，都那么拨动着我的心弦，都那么让我恋恋不舍。

隐约听得"向导"莫莲书记在不远处说，市旅游部门正在积极招商引资，想把这个里兰小区改造成独树一帜的文艺村。我赶紧跑过去，一边跑一边喊："我

① 轨道自行车的优点：操作简单，且乐趣无穷，彰显了设计者的智慧和巧思。

② 运用环境描写，体现了原始的田园生活能抚慰人的心灵，使每天疲于奔命的现代人得到一丝温暖和慰藉。

预订一套,一定要给我预留一个小院啊,太有感觉了!"

① 矿山的历史与现实,也是合山的困难与希望。我相信,困难是暂时的,希望就像早上八九点钟的太阳。

转个弯,100 多米处,就是自由农贸市场,摊子上的蔬菜瓜果,都是老百姓自家种植的有机作物。红艳艳、甜滋滋的新鲜荔枝,5 元钱能买一大袋。生活在合山,该是多么的惬意、滋润啊。

② 夕阳余晖,彩霞满天,映照得红水河浮光跃金;晚风徐徐,送来阵阵花香,劳作之余的人们踩着青石板,悠闲地漫步于红水河畔。

"这个欢快又务实的小城,从此以后,就不再需要作家了,它在等待着游客。"加缪对北非奥兰的颂扬,正是我对美好合山的祝福。

❶ 运用比喻的修辞手法将希望比作八九点钟的太阳,生动形象地写出了只要我们心怀希望,生活中的困难就会迎刃而解。

❷ 运用环境描写,展现了合山人民悠闲自得、令人羡慕的平凡生活。

延伸思考

1. 简述马安奇石的种类及特点。

_____

_____

2. 说一说大自然对合山的两大馈赠及其对合山人民的影响。

_____

_____

3. 对骑行铁路的描写表达了作者怎样的感情?

_____

_____

南澳漫笔

名师导读 ▶

　　本文首先描写了南澳优越的地理位置和优美的自然风光，讲述了南澳在军事、航运和对外贸易方面发挥的重要意义。接着以妙趣横生的笔法描写了太子楼和金银岛藏金之谜，又将南宋皇族、忠臣投海殉国和将他们逼入绝境的李恒对比描写，赞扬了南宋皇族和忠臣誓死不当亡国奴的爱国情怀，贬斥了李恒卖国求荣的丑恶嘴脸。然后描写了郑成功父子对台湾的贡献，赞扬了郑成功不畏艰险、收复台湾的伟大功绩。最后带着对两岸和平稳定的盼望结束了全文。

　　汕头拥有全国唯一的内海湾——三江口，拥有广东唯一的海岛县——南澳岛 [1]。

　　车过跨海大桥，就进入了南澳，一个迷人的岛屿，唯一的国家 AAAA 级旅游区海岛。①独特的自然生态，使得它一年四季都是天然渔场；良好的自然环境，使

❶ 运用了相同句式，描绘出了南澳岛独特的生态环境和良好的自然环境。

[1] 南澳岛，由南澳主岛及周边 36 个岛屿组成，是东南沿海一带通商的必经泊点和中转站。

得它成为候鸟天堂，其中不乏国家级珍稀候鸟。南澳美如斯：蓝天碧海、金沙白浪、阳光明媚、山海相映、森林茂密、风光旖旎、鸟翔天空、鱼嬉水中……

北回归线分开热带与亚热带，这道无形的地球分界线，横贯南澳全岛。矗立在南澳岛青澳湾的"自然之门"，是最年轻的北回归线标志塔，造型设计融合了天文现象和科学知识，用别致的建筑形式诠释着北回归线。青澳湾有国内顶级沙滩，站在这"中国最美丽的海岸"上，我一时有些恍惚。去年的这个时候，我正在台湾花莲东部海岸，见到的北回归线地标是圆形灯塔状擎天柱，那儿是北回归线中国段的最后华章。

南澳距高雄仅一百六十海里。也就是说，南澳是海防前哨，如果台海有事，南澳和高雄首当其冲。在高雄作文化交流期间，汕头籍的台湾文友，指着海对岸说：那边是汕头南澳。[1]他声音有些颤抖，眼神掠过忧伤，定是动了思乡之情。

还记得，在台岛最南端、中央山脉尽头的垦丁鹅銮鼻公园，台湾文友手指浩渺的海面告诉我：南海与东海的水域分界线，太平洋、巴士海峡和台湾海峡的分界处，就在你眼皮底下。我眺望着前方，潮平岸阔，海天一色。

南澳是东海与南海的分水岭。南澳东端往东南延伸过去，即是台湾海峡鹅銮鼻一线。

因跨闽、粤两省，南澳曾称闽粤镇，乃"粤东屏障，粤闽咽喉"，地理位置非常特殊，处于闽、粤、台海面的交叉点，位于高雄、厦门、香港三大港口的中心点，距太平洋国际主航线仅七海里。海路四通八达的南澳，自古为兵家必争之地，也是海上贸易的重要通道，还是海上丝绸之路的重要出口——史载"郑和七下西洋，

❶ 通过声音、眼神的细节描写，写出了台湾同胞对大陆亲人的思念，诠释了两岸割不断的骨肉亲情，也寄托了作者对两岸人民和睦相处的殷切希望。

145

❶ 此处直接点明南澳在军事、航运、出口贸易方面的重要地位，体现出了南澳的经济价值、军事价值和旅游价值。

五经南澳"。① 军事要冲、黄金水道、海上丝绸之路，给清新美丽的南澳增添了神秘厚重的色彩。

最神秘的，是太子楼和金银岛的藏金之谜。

南宋末期，元兵不断进迫，两个年幼的皇子赵昰、赵昺以及年轻的太后杨淑妃仓皇出逃，至温州江心寺与张世杰、陆秀夫汇合，然后乘船一路南逃进入闽地。次年，张世杰、陆秀夫等在福州拥立九岁的益王赵昰为帝，称为端宗。

我在温州江心寺拜谒过"文信国公祠堂"，但找不到关于张世杰、陆秀夫的纪念物，看来在当地人心目中，文天祥才是神一样的存在。有人说，文天祥来到人间，天命就是来受膜拜的。元军统帅伯颜一心想把南宋皇室残存的血脉斩草除根，遣张弘范、李恒率军继续追击。与文天祥同中进士的陆秀夫，跟张世杰一道护送赵昰、赵昺兄弟和杨太后等逃至南澳驻跸，开掘出分别供皇室、大臣和将士兵马饮用的三口水井：龙井、虎井、马井。它们非常神奇，虽处海滩却是淡水井，七百多年来时隐时现，出现时清泉不绝、水质甘甜，久藏不变味。

赵昰登基前为太子，人们按习惯将其住所称为太子楼。

太子楼遗址有一棵茂盛的古榕，长在硕大的石壁上，石壁下侧有一裂缝，裂缝两边歪歪斜斜地刻着难以辨认的文字。传说榕树下、石壁后有一座石质暗室，里面藏着南宋皇室未能带走的大批金银珠宝，谁要是能将石壁上的文字完整地念出来并解释准确，石壁就会自动开启。② 近千年过去了，石壁上的文字依然可见，但太子楼藏金谜仍未解开。太子楼附近的青蛙与众不同，当地人说，这也与少帝有关：赵昰夜里被蛙鸣吵得心烦，

❷ 藏金谜的故事和太子楼附近青蛙与众不同的传说，给文章增加了诙谐幽默的趣味性和神秘感。

命人捉来蛙王问罪。蛙王悲泣，少帝心生怜悯，随手拿起朱笔在蛙王脖颈画上一圈，挥手让人放生。从此，太子楼四周的青蛙脖子上都有了一个圆圈。为报皇上不杀之恩，它们的叫声变得低微喑哑。说来也是奇怪，这种奇特外形、独特叫声的青蛙，只在南澳太子楼附近有。

后来发生的事情，可谓家喻户晓。两年后，年仅十一岁的赵昰去世，陆秀夫与张世杰又拥戴卫王赵昺为帝。南宋皇室君臣子民退至崖山，出任左丞相的陆秀夫继续率部抗元。彼时，南宋右丞相文天祥已在海丰落难。崖山海战南宋兵败，陆秀夫背着八岁的幼帝投海殉国，南宋皇族八百余人相随跳海自尽，许多忠臣紧随其后，伟大的爱国主义诗人陆游的玄孙也在其中。^①带着宋人最后的血气与尊严，南宋十万军民争相蹈海，情景何等悲壮！曾经繁花似锦的大宋王朝彻底覆灭，而把南宋王朝逼进大海的元军头等功臣，却是西夏第七代皇帝夏神宗的嫡曾孙、西夏被元军灭亡后担任元军大将的李恒，又是多么可悲可叹！

明万历年间，南澳修建陆秀夫墓；清乾隆时期，南澳为陆秀夫题刻"丞相石"，以纪念忠君报国之士。

金银岛藏宝的传说更为神奇。金银岛三面环海、奇石相叠、岩洞穿插，地形错综复杂。明朝海盗猖獗，戚继光、俞大猷联军进兵南澳围剿海盗首领吴平，屡屡出师不利，后来出现转机，按民间传说，得归功于戚都督夜梦关帝。^②有天夜里，戚继光梦见关帝授予计谋，让他用火羊阵从背后奇袭敌方，戚都督照此计谋部署作战，一举获胜。吴平败逃前问妹妹是走是留，其妹愿意留下来看护财宝。寇首恼怒杀心顿起，让她"遂愿"永远守护金银财宝。"吾道向南北，东西藏地壳。

① 将李恒为仇人卖命，和南宋皇族的血性形成鲜明对比，表现了作者对爱国的赞扬，对卖国的贬斥。

② 传说的加入，使文章摆脱了枯燥乏味，读起来趣味盎然，为文章增添了神秘的色彩。

水涨淹不着,水涸淹三尺。箭三支,银三碟,金十八坛。"这是吴平留下的诡谲谜语,似乎也是一个魔咒,谁能破解谁就能找到宝藏。然而至今无解。或许这个千古之谜,将会成为永远之谜。

岛上真假难辨的传说,都指向一个事实:南澳岛屿充满传奇。

从皇帝到名臣,从英雄到枭雄,从航海家到大海盗……多少风云人物在南澳留下过足迹,岛上遍布历史遗迹、文物古迹、名刹古寺,自然不足为奇。

南澳是东南门户,战略位置极其重要——"争之则我据其胜,弃之则寇得所凭",引起朝廷高度重视。明万历三年,皇帝诏设"闽粤南澳镇",派驻副总兵,兼领福建南路、广东东路水师,使南澳拥有独一无二的海岛总兵府。总兵府又称总镇府,始建于明万历四年。明、清两朝,有近两百位正、副总兵赴任,留下了郑芝龙、郑成功父子抗击外夷的辉煌战绩,留下了戚继光、刘永福等抗倭戍疆的英雄故事。

明末,郑芝龙翦除群雄称霸海上,招纳福建数万灾民,用海船运到台湾垦荒定居,这是历史上首次大规模有组织地由大陆向台湾移民。郑芝龙以海上武力成功驱逐荷兰人,烧毁入侵船只,效仿朝廷在台湾设官建置,形成初具规模的割据政权。因抗夷剿寇有功,郑芝龙被朝廷招抚为南澳副总兵,加总兵衔。明亡,郑芝龙降清,招降郑成功未成,父子决裂势同水火。

①郑成功坚持反清复明,并且收复了台湾,成为伟大的民族英雄,名垂青史。而郑芝龙,不仅大节有亏,还被大清朝廷处死,落得身败名裂的下场。

②年少时的郑成功聪明好学,郑芝龙原指望儿子中

❶ 借用郑成功父子的不同结局,表达了对爱国、和平统一思想的褒奖,对割据分裂的痛恨。

❷ 郑成功的宏大志愿以及他为自己的理想所做出的努力,对国家做出的贡献。表达了作者对郑成功的敬仰和赞叹。

状元当文官，但郑成功考中秀才后再不肯求功名，非要子承父业。他注定要成为海上蛟龙。南澳曾属郑成功藩地，他以南澳为基地，高举义旗到处募兵，又以金门、厦门为根据地，连年出击粤、江、浙等地征战清军。后来，他率数万将士渡海，围攻侵占台湾的荷兰总督所在地赤嵌城，历时八个月，迫使荷兰总督投降，台湾终于回到祖国的怀抱。南澳遗存有郑成功问卜的城隍庙、中澎的"国姓井"以及总镇府内的"郑成功招兵树"。总镇府墙壁上，"东南砥柱""德配天地""学海渊深""积厚流光"等历史遗墨，表达了后人对郑成功的敬仰之情。

康熙年间，南澳升设总兵，负责闽、粤及台湾、澎湖海防军务，成为台湾是中国不可分割领土的历史见证。因语言相通习俗相同，南澳曾与台湾民间交往密切，而今南澳籍台胞逾十万，远超南澳岛常住人口。① 南澳台湾，一衣带水；台湾南澳，骨肉相连。两岸人民，都希望海峡永远风平浪静，永不复刀光剑影鼓角争鸣。

❶ 台湾和南澳是骨肉相连的亲人，两岸同胞殷切盼望两岸和平稳定、和睦相处，这也是作者和所有爱国人士的共同愿望。

延伸思考

1. 简述本文主题。

_____

_____

2. 作者浓墨重彩地描写太子楼和金银岛藏宝的传说有什么意义？

_____

_____

从文天祥到彭湃

名师导读 ▶

　　本文从震撼视觉和心灵的红宫红场拉开序幕，过渡到对视死如归、舍生取义的南宋抗元伟大领袖文天祥的事迹、精神的描写。继而笔锋一转，由文天祥精神对后人的影响自然过渡到对中国革命先驱彭湃的描写。作者虽是娓娓道来，但是革命家的精神却让我们心潮澎湃，热血沸腾，甘愿向先烈学习，不再计较个人得失，愿意在自己的岗位上挥洒青春，为祖国的繁荣昌盛贡献自己的力量。

❶ 用这一组排比句写出了海陆丰在中国革命中所做出的伟大贡献。

　　① 海陆丰，曾惊天动地：农运风起云涌，农潮风雷激荡，农民翻江倒海，农军铁流千里；海陆丰，曾开天辟地：勇开土地革命的先例，拉开中国苏维埃运动的序幕，首开以农村包围城市夺取政权的先河，实开中国伟大革命的新纪元。《奔向海陆丰》，徐向前元帅雄文，全国语文教材，激励过整整几代人；《奔向海陆丰》，海陆丰的光辉名片，窥见历史的一扇窗口，召唤着多少人奔向海陆丰。

此刻，我正奔向海陆丰，奔向中国革命的策源地，奔向驰名中外的红色圣地，奔向"东方红城，彭湃故里"海丰。

海丰，取意于"临海物丰"。这个闻名于世的"小莫斯科"，这个毗邻港澳的革命老区，扑面而来的，是浓厚的红色文化气息。① 红色殿堂红宫红场，震撼视觉和心灵。红宫原为明代学宫，现保存有棂星门、拱桥泮池、前殿、大成殿、五代祠、两厢配殿，1927年，海丰工农兵代表大会在此召开，这次会议上成立中国首个苏维埃政府，通过了八项政治纲领……因会场外墙刷以红色，场内用红布盖壁裹柱，学宫改称"红宫"。红宫东侧的红场——全世界两座红场之一，是由彭湃策划兴建的仿俄罗斯建筑的广场，大门由彭湃设计并题字，红二师、红四师与海丰工农革命军在此胜利会师；红场现保存有红台、平民医院、彭湃铜像、题词碑廊、会师纪念亭等。别具一格的红街，与红宫、红场相互辉映，组成光彩夺目的红色风景。

拨开历史烟云，回溯历史长河，千年古邑海丰，广东"红都"海丰，既是"莲花佛国"，也是南宋丞相文天祥蒙难之地。

②南宋末年，二十万元军大肆进犯南宋，飞扬的铁蹄和喋血的宝剑，把往日耀武扬威的南宋君臣吓得魂飞魄散，逃跑的逃跑，投降的投降，丑态百出，颜面尽失。当然，南宋虽腐朽，朝中也有顶天立地的国家栋梁，比如左丞相陆秀夫、右丞相文天祥。文天祥散尽家财集为军资，率兵抗元扶宋，终因势孤力单，一路败退海丰。他率部为海丰凿通东、西溪，使水路交通大为便捷，促进了海丰商贸的发展。不幸的是，

❶ 海丰红宫红场是革命的圣地，更是经典建筑。尽收眼底的中国红震撼着观者的视觉和心灵。

❷ 说明南宋朝廷的昏聩无能，更衬托出文天祥等人的难能可贵。

文家军在海丰城北五坡岭开饭时，突然被元军包围，文天祥自杀未成被捕，南宋走向不归路。

《海丰县志》记载的第一个人物，就是伟大的民族英雄文天祥。

元军久闻文丞相英才威名，许以高官厚禄极力劝降，他们知道，抗元精神领袖一旦屈服，南宋就会失去脊梁骨。文天祥宁死不屈。上谕将他押返京师，一路"江水为笼海做樊"，囚船过零丁洋海域，千古绝唱《过零丁洋》诞生，"人生自古谁无死，留取丹心照汗青"，情怀何等壮阔，文气何等雄伟。多少仁人志士，以之自励舍生取义！对灭宋元帅张弘范的质问"予国已亡矣，杀身以忠谁"，文天祥以"烈士死如归""商亡正采薇"作答，张为之动容。① <u>人格伟岸的英雄，连对手也会发自内心地敬仰。张弘范称文天祥为"忠义至性的男儿"</u>，特地派人护送。途中，文天祥绝食八日，"闭篷绝粒始南州"，但敌人不让他死，赤胆忠心的他，又写下《过平原作》，歌颂颜真卿兄弟威武不屈秉忠殉难。解至元大都，元世祖忽必烈亲自劝降，许以中书宰相，文天祥不为所动。元丞相孛罗咆哮："你要死，偏不让你死，就是要监禁你！"狱卒给他戴上木枷，把他关进土牢施以酷刑，狱中三年，他受尽折磨。在污浊腐臭的牢房中，他写下《正气歌》，诗中历数史册上十二位忠臣义士的壮烈之举，以"时穷节乃见"阐明先贤情操，民族气节壮吞山河，浩然正气直贯长虹。威逼利诱皆失效，元世祖失去了耐心。② <u>文天祥在刑场"意气扬扬""颜色自若"，从容说道："吾事毕矣。"问市人孰为南北，南面再拜就死。</u>

③ <u>天地英雄气，千秋尚凛然。浩气还太虚，丹心</u>

---

① 真正的英雄豪杰具有震撼人心的力量，无论是敌是友都会由衷地敬佩和赞赏。这是一种精神的影响，是一种信仰的力量。

② 表现了文天祥从容赴死的凛然大义，也体现了其忠贞爱国、宁死不屈的民族气节。

③ 爱国的思想、宁死不屈的精神，荡涤着后人的心田，影响着一代又一代的爱国志士，也是后人膜拜的典范，值得纪念。

耀古今。祖国大江南北，多处建有纪念文天祥的祠堂、牌坊、公园、纪念馆，其中，以海丰的表忠祠方饭亭最为著名——"半壁江山终此亭"。

明初，海丰知县、惠州守备在五坡岭上先后为文天祥建表忠祠、忠义牌坊、方饭亭。大亭庇盖小亭的方饭亭内，矗立着一块石碑，上刻文天祥画像，画像由惠州知府从文天祥家乡庐陵取来，勒像于石。碑像上方，题刻文天祥"衣带铭"绝笔："孔曰成仁，孟曰取义，唯其义尽，所以仁至。读圣贤书，所学何事，而今而后，庶几无愧！"小亭两侧的亭柱上，镌有明代潮州状元林大钦所撰对联："热血腔中祇有宋，孤忠岭外更何人。"亭前台阶当中，横置碑刻"一饭千秋"，两旁竖立着历代重修石碑。近年，海丰以方饭亭为中心，修建了文天祥公园。

一饭千秋，英名万古。

方饭亭是海丰的精神地标，是海丰人民的精神源头。文天祥的浩然之气，滋养着海丰英才辈出。[①]辛亥革命元勋陈炯明、民主革命家马育航，曾召集海丰进步青年，在方饭亭前结盟"正气社"；被誉为"海丰三杰"的马思聪、钟敬文、杨成志，以及战地文学开拓者丘东平，都曾在方饭亭前宣誓。"外来人"也一样。明朝爱国将领俞大猷，在海丰奋勇抗击倭寇时，前来方饭亭祭拜忠魂激励军民，终于取得"海丰大捷"，一举扭转乾坤；传世之作《牧童短笛》《天涯歌女》、红色经典《游击队之歌》的作者贺绿汀，奔向海陆丰，拜谒方饭亭，在海丰创作出中国第一首革命战歌《暴动歌》，成为深受爱戴的人民音乐家。

[②]文天祥，这个充满道德光辉的爱国英雄，对中

❶ 这一组排比句写出了文天祥精神对后人的影响，不但影响着革命者的革命精神和意志，还影响着革命者的文学创作。这种精神鼓舞着一批批革命者驱逐列强、保家卫国。

❷ 此几句承上启下，既概括了文天祥的精神精髓，又引出文天祥的精神对彭湃的深远影响，笔锋转到了中国农民运动的杰出领袖、中共早期领导人彭湃的身上。

153

国农民运动杰出领袖、中共早期领导人彭湃的影响，更是巨大而深远。

天资聪颖的彭湃，上小学时最爱听老师讲文天祥、林则徐等英雄故事，考入海陆丰最高学府海丰中学后，在辛亥革命影响下，成为"好读时事、富有朝气的青年"。小小年纪的他，为保卫方饭亭，表现出非凡的胆魄。当地土豪劣绅为了吹捧海丰驻军统领，想以方饭亭为其立生祠，并让其石像与文天祥石像并列供祀。这是对伟大民族英雄文天祥的莫大侮辱。彭湃带领同学贴墙报历数统领罪行、毁坏统领石像，遭到殴打镇压，但迫使对方最终放弃，统领还被革职查办。

少年智则国智，少年强则国强。为了寻求真理报效祖国，彭湃东渡日本，考入早稻田大学政治经济科。他曾对友人说：我选定此类专业，为的是将来研究我国政治经济，秉志改革。在日本期间，深受苏联十月革命影响的他，参加学校激进组织，发动成立爱国"赤心社"。

学成归国，李大钊要他留在北京执教美术，他执意要回到家乡效力。出任海丰教育局长后，他率领海丰全体学生前往五坡岭植树，以表达对文天祥的崇高敬意。

他锐意整顿教育，调整人事，令全县学校面貌焕然一新。① 他创建报馆，创办《新海丰》《赤心周刊》和《岭东日日新闻》报，为农民运动奠定思想基础。他写文著书、改良戏剧、创作歌谣，宣传革命真理。他绘画技术精湛，书法翰逸神飞，中国第一面农会会旗便是他设计的。他深明弘扬民族文化的意义，成立海丰白话剧团、红色梨园工会，还登台出演爱国戏剧《山河泪》。他为海丰的街道命名马克思路、列宁路，看到街上没有标语，批评"没有一点艺术"。他演说时，

❶ 伟大的革命先烈彭湃同志为早期革命所做出的突出贡献。他用尽全力改变着教育、改变着人们的思想。

洪亮的声音、生动的语言、革命的热情、必胜的信心，吸引着四方乡邻，感染着男女老少。

这是一个激情澎湃的人，一个才华横溢的人，一个有雄才伟略、政治智慧的人。

彭湃怀着朴素的信念：革命，让穷人过上好日子。① 他脱下西装革履，换上草鞋布衣，与农民同甘共苦。他讲究斗争策略，从农民实际利益出发，从发展生产改善生活着手，慢慢引导农民运动从经济斗争转到政治斗争。他当众烧毁自家全部田契铺约，把土地分给农民，这一旷古未有的行动，点燃了农民运动的烽火，革命浪潮席卷整个海陆丰，革命火种在广袤大地燎原。

激情可以鼓舞行动，行动可以激发才情。

彭湃起草《广东农会章程》，开办农民运动讲习所。他撰写的《海丰农民运动》，是第一部关于农民运动的专著，由周恩来题写书名，被毛泽东用作教材。他领导建立起全国最早的养老院、平民医院、童子团、农民自卫军、妇女解放协会，组织颁布全国第一部土地法、兵役法、银行发行条例、保护妇孺权益议案……

② "古之立大事者，不唯有超世之才，亦必有坚忍不拔之志。"

彭湃以坚忍不拔的革命意志，带领海陆丰人民先后举行三次武装起义，通过艰苦卓绝的斗争，在火与血的洗礼中，创办起全国第一个总农会，建立起中国第一个苏维埃政权，为中国工农革命树立起一面旗帜，为革命胜利开辟了前进道路，为新中国诞生建立起不可磨灭的功勋，在中国革命史上谱写下壮丽篇章。

中国古人这样定义伟人：定乾坤，净社稷，指航程，明方向。恩格斯说伟人的特征是："他们几乎全都处在

❶ 彭湃有舍小家为大家的无私的革命精神，有与农民同甘共苦的革命意志，有因地制宜的斗争策略……最终取得革命的胜利是必然的。

❷ 此句承上启下，点明要想成就一番大业，才能不可或缺，坚忍不拔的意志更是重中之重。

时代运动中，在实际斗争中生活着和活动着，有人用舌和笔，有人用武器，有些人则两者并用。"彭湃堪称伟人。

当南昌起义、广州起义相继失败，在革命陷入低潮的危急关头，两支起义军余部都选择"奔向海陆丰"。海陆丰，有第一块革命根据地；海陆丰，是革命的希望所在。在海丰朝面山，彭湃、周恩来等领导的南昌起义军，改编为中国工农革命军第二师，成为中国共产党独立领导的第一支正规军、中国革命的生力军。

周恩来是二度来到海陆丰，这一次，他与叶挺、贺龙、刘伯承、聂荣臻、林伯渠、李立三、陶铸、徐特立、郭沫若等，在海陆丰人民舍命保护下，安全转移到香港。① 广东国民革命军第一次东征到海丰时，黄埔军校校长蒋介石、政治部主任周恩来，以及苏联军事顾问鲍罗廷、加伦，都曾住在彭湃家里。

彭湃故居始建于清末，是一幢风格独特的白色楼房，屋前肃立着高大的菩提树，海丰母亲河龙津河从庭前蜿蜒流过。在日本留学时，彭湃凭记忆绘就巨幅《龙津夜景》，寄托思乡之情。彭湃卧室里，挂着"人生自古谁无死，留取丹心照汗青"楹联。② 他的"得趣书室"，成为中国农民运动发源地、中共海陆丰地委办公场所，《赤心周刊》在此出版，中国第一个农会在此成立。在彭湃感召下，还有六人走出这栋仿西式楼房，投身革命，惨烈牺牲，他们是彭湃的亲人和爱人。

一个家有良田万顷的富家公子，却成为毁家纾难、出生入死的无产阶级革命领袖，被毛泽东誉为"农民运动大王"，为什么？伟大的国际主义战士白求恩，在加拿大过着贵族生活，却"不远万里来到中国，把中国人民的解放事业当作他自己的事业"，为什么？

❶ 从侧面反衬出彭湃在早期革命中的贡献。同时，引起下文对彭湃故居的介绍。

❷ 彭湃之所以被称为伟人，因为他是革命的点火者，是革命的推动者，是革命的捍卫者，是革命的献身者……

①因为，他们是高尚的人、纯粹的人、有道德的人，他们胸怀广大可纳乾坤，他们视信仰理想高于一切。哲学家把人的生活分作三个层次：物质、精神、灵魂。"人各有志，岂以利禄易之"，荣华富贵的利益原则，并非于人人适用；玩世不恭的犬儒主义，被有志之士鄙夷。心灵的超拔、信仰的崇高、理想的庄严、精神的明亮、道德的高尚、信念的坚定……使得灵魂高贵者不走庸常之路，他们追求的是绝顶的精神境界。所以，每到历史的节点，总会有人不计世俗得失，"国而忘家，公而忘私"；有他们的存在，国家才有前途，因他们的奉献，民族才有希望。

②因叛徒出卖，彭湃在上海被捕入狱，敌人灭绝人性，他昏死过九次，依然坚贞不屈。遇难当天，他给党中央写绝笔信，唱着《国际歌》英勇就义，年仅三十三岁。金星陨落，天地失色，万民同悲。

毛泽东、瞿秋白、张闻天、周恩来等深情撰文，深切缅怀中国革命先驱彭湃，中共中央发表《告人民书》，称彭湃为"广大群众最爱护的领袖"，并呐喊"谁不知广东有彭湃"！为纪念彭湃烈士，1933年，中华苏维埃临时中央政府会议决议，在福建宁化县中央苏区增设彭湃县。

先驱的意义，不在于坦途通道上的万众共识，而在于丛林荆棘中的孤奋勇往。先驱是星辰，是灯塔，是火炬，引领人们在黑暗中前行。

③从文天祥到彭湃，从方饭亭到海陆丰，英烈逝去，浩气长存，精神不灭，薪火相传。

❶ 运用设问的修辞手法，突出了彭湃、白求恩等英雄豪杰追求精神的高贵和人格的高洁。

❷ 正是有了一大批不怕牺牲、英勇斗争的革命先烈的伟大贡献，才换来了我们今天幸福安定的生活。

❸ 先驱的精神是指路的明灯，是民族的脊梁，是振兴祖国的精神力量。

延伸思考

1.《过零丁洋》表现了文天祥怎样的感情?

_____

_____

2. 彭湃对中国革命的贡献有哪些?

_____

_____

3. 我们应该向文天祥、彭湃学习些什么?

_____

_____

第五辑　花开毕节

　　石板河村近 3000 亩"布朗李"，也成为纳雍市民踏青、赏花的好去处。布朗李又名玉梅，素洁脱俗的玉梅花，单挂枝头显得有些孤高，当密密麻麻繁茂成片时，就像洁白的云朵飞上枝头，明亮灿烂着整个乡村。

【2019—2020 学年山东省烟台市高二（上）期中语文试题】

阅读下面文字，回答问题。（10 分）

永远的丰碑

①位于赣东北、地处闽浙皖赣四省要冲的江西横峰县是著名革命老区。在那如火如荼的岁月里，方志敏在此叱咤风云，率领民众以两条半枪起家，发动弋（阳）横（峰）暴动，领导创建全国六大革命根据地之一的浙皖赣革命根据地，被毛泽东誉为"方志敏式的根据地"。

②与毛泽东、彭湃一道被公认为"农民大王"的方志敏，也是饱读诗书之士。16 岁时他挥就自勉自励的对联："心有三爱奇书骏马佳山水，园栽四物青松翠竹洁梅兰"，后来他分别以松、竹、梅、兰为四个儿女取名，其心志高远、心性高洁可窥一斑。青年时期他求学上海，他写作的白话小说《谋事》在《觉悟》副刊发表，与鲁迅、郁达夫、叶圣陶等著名作家的作品一起入选上海小说研究所编印的《小说年鉴》。在上海，他结识了陈独秀、瞿秋白等著名中国共产党早期领导人，加入了中国共产党。回到江西后他创办"文化书

社"，创建"马克思学说研究会"，出版《青年声》周报和《寸铁》旬刊。

③出众的文学艺术才华，加上理想主义精神、浪漫主义气质，使他气度超群卓尔不凡。他26岁就担任国民政府江西省委委员兼农业部部长，正可谓青年才俊"前途无量"。然而，为了信仰——共产主义信仰，他毅然决然踏上"革命"这条九死一生的道路。

④横峰县葛源镇，自古为兵家必争之地，方志敏在此把马克思主义与赣东北实际相结合，领导建立了弋阳、横峰县苏维埃政府，创造出一整套建党、建军和建立红色政权的经验：率领起义农军开展游击战争，提炼出"出其不意、攻其不备、声东击西、避实就虚"的十六字战略要诀；首创地雷战，把人民战争提高到新水平；建立拥有"铁的纪律"的红十军，一年内连续打退国民党军多次"进剿"。

⑤方志敏故居前有一棵他亲手种下的芭蕉，80多年来，这棵芭蕉年年春天发新绿。我轻轻地抚摸着它，想象着当年他在树旁是怎样的英姿勃发、笑如朗月，心底一阵阵发痛。

⑥1934年，为宣传中国共产党的抗日主张，推动全民族抗日救亡运动，策应中央主力红军战略大转移，病痛在身的方志敏临危受命，出任中国工农红军北上抗日先遣队总司令，去开辟新苏区并迫使国民党变更战略部署。这是"小马拉大车"的极其困难的军事行动，但方志敏誓言"党要我们做什么事，虽死不辞"。历时半年多、行程5000余里、在冰天雪地里浴血奋战20多天后，他的队伍弹尽粮绝。本来已经突围的他，认为"在责任上我不能先走"，非要亲自接应后续部队，率领着仅仅十几名警卫人员，又返回敌军的重重包围圈。

⑦这个至情至性的硬汉子，这个舍生取义的大丈夫，不幸被俘。国民党士兵从他身上只搜到一只怀表和一支钢笔。敌人怎么也不肯相信，这个闽浙皖赣苏维埃政府主席兼财政部部长，全部财产只有两套旧褂裤和几双线袜。

⑧他被押解到南昌，当时一家美国报纸记者描述了在国民党驻赣"绥靖公署"举办的"庆祝生擒方志敏大会"上见到的情景："戴了脚镣手铐而站立在铁甲车上之方志敏，其态度之激昂，使观众表示无限敬仰。周围是由大会兵马森严戒备着。观众看见方志敏后，谁也不发一言，大家默然无声。即使蒋介石参谋部之军官亦莫不如此。观众之静默，适足证明观众对此气魄昂然之囚犯，表示无限之尊敬及同情。"

⑨撼山易，撼英雄难。在狱中，方志敏严词拒绝敌人高官厚禄的诱惑，宁死不屈。他声明："我愿牺牲一切，贡献于苏维埃和革命。"他英勇就义，年仅 36 岁。

⑩在最后的日子里，他克服种种难以想象的困难，写下十几万字重要文稿和信件。他在深切怀念战友的同时，不断反省自己的过失，主动承担战争失利的责任，不时沉痛严苛自责。

⑪峻拔如孤峰绝壁，明净如高山积雪，高远如长空彩虹，坚润如金石蕙兰。这就是方志敏。

⑫而他的不朽之作《清贫》，我每读一遍都会为之动容："在这长期的奋斗中，我一向是过着朴素的生活，从没有奢侈过。""清贫，洁白朴素的生活，正是我们革命者能够战胜许多困难的地方！"

⑬《清贫》，是中华民族难以磨灭的文化记忆；清贫精神，是中国共产党的理想信念，是中国革命精神的重要组成部分。英雄虽逝，浩气长存，功勋不朽，精神永在，光耀千秋。

1. 下列对材料相关内容的理解，不正确的一项是（　　　）（3分）

A. 方志敏被公认为与毛泽东和彭湃齐名的"农民大王"，同时，他也是"饱读诗书"的知识分子，有着出众的文学艺术才华。

B. 方志敏在赣东北进行的建党、建军、红色政权建设乃至游击战争方略的实践，对中央苏区有启示作用，受到毛泽东的赞誉。

C. 为了自己的信仰，方志敏抛弃国民政府江西省委委员兼农业部长的官位，在赣东北创建了弋阳、横峰县苏维埃政府。

D. 文中的"小马拉大车"意为我方力量弱小，难以与力量强大的敌方相匹，而坚守党性原则的方志敏毅然执行了中央的命令。

2. 下列对材料相关内容的概括和分析，不正确的一项是（　　）（3分）

A. 本文题目为《永远的丰碑》，既高度概括了方志敏烈士的崇高精神和光辉成就，也点明了这些精神和成就在当代生活中的重大现实意义。

B. 在叙述方志敏被押解到南昌的情景时，作者引用美国记者的描述，表现了方志敏的昂然气概，同时也表现了现场所有人对他的尊敬和同情。

C. 对于方志敏烈士短暂而光辉的一生，本文在记叙的同时，更将作者本人融入其中，将历史和现实融为一体，饱含深情，令人感动、感叹。

D. 《清贫》是方志敏的不朽之作，更是他留存给我们的巨大财富，新时代需要方志敏式的英雄模范，同时也需要方志敏烈士的清贫精神。

3. 文中说方志敏"峻拔如孤峰绝壁，明净如高山积雪，高远如长空彩虹，坚润如金石蕙兰"，请结合全文简要分析。（4分）

_____

_____

_____

花开毕节

名师导读

　　春天来了，希望也就来了。本文描写了冬去春来，毕节百花齐放、百花争鸣的繁茂景象。让我们一起去看看毕节美丽的鲜花都有什么吧！

　　冬去春又来。

　　沐浴着早春的阳光，大地万物复苏，① 贵州毕节的杜鹃花开了，一团团、一簇簇、一枝枝、一片片，绵延起伏 100 多平方公里。

　　毕节"百里杜鹃"，是一个杜鹃王国，是一条"地球彩带"，是一片杜鹃花的海洋，是地球上最大的天然花园和原始杜鹃林带，是绝无仅有的杜鹃花国家森林公园。树龄千年的杜鹃花王，是世界上最大的杜鹃花

❶ 描写了贵州毕节的杜鹃花规模之大，面积之广，盛开之繁盛。对杜鹃花开的繁盛景象的描写预示了贵州毕节的繁盛局面。

树，繁花万朵独树成春，花朵颜色各不相同。"闲折两枝持在手，细看不似人间有。花中此物似西施，芙蓉芍药皆嬎母……"自古至今赞美杜鹃花的诗篇不计其数，白居易这几句最得我心。

你以为只有杜鹃花吗？

桃花、梨花、茶花、海棠、紫荆……次第绽放，蓬勃恣肆；① 斑斓若繁锦，灿烂如云霞。"桃花浅深处，似匀深浅妆"，"冷艳全欺雪，余香乍入衣"（咏梨花），"翠翼高攒叶，朱缨濠拂花"（咏茶花），"秾丽最宜新著雨，娇饶全在欲开时"（咏海棠），"疏枝坚瘦骨为皮，忽迸红英簇紫蕤"（咏紫荆）……姹紫嫣红，百媚千娇。

花开遍野，是毕节迎接春天的方式。

纳雍县百兴镇纳雍河库区，② 千亩油菜花一望无际，浓烈的鲜黄铺天盖地，怡人花香和着泥土气息，通铺山间、田园、村舍。"儿童急走追黄蝶，飞入菜花无处寻"，嬉戏逐闹的孩童，在我眼前再现杨万里笔下的迷人情景。

③ 国家一级保护植物珙桐，因花开时宛如白鸽飞天，又得名"鸽子花"。它躲过第四纪冰川覆盖，穿越千万年时空，独独钟情于九州中华。纳雍是世界上光叶珙桐分布面积最大的地区，7000多公顷，近百万株珙桐，使纳雍成为"中国珙桐之乡"。

石板河村近3000亩"布朗李"，也成为纳雍市民踏青、赏花的好去处。④ 布朗李又名玉梅，素洁脱俗的玉梅花，单挂枝头显得有些孤高，当密密麻麻繁茂成片时，就像洁白的云朵飞上枝头，明亮灿烂着整个乡村。

❶ 两个比喻句将毕节各种花朵开放的繁华、美丽描绘得生动形象。一派鲜花争奇斗艳的繁荣景象就在眼前。

❷ 一望无际的鲜黄的油菜花遍布山间、田园、村舍，美得诗情画意，让人流连忘返。

❸ 珙桐历史之悠久、形态之特异、面积之广、植株之多使纳雍成为"中国珙桐之乡"。

❹ 比喻、拟人手法的运用，将布朗李花的形态、颜色、品性描写得惟妙惟肖。

素有"纳雍北大门"之称的厍东关乡，享有"玛瑙红樱桃之乡"美誉。厍东关乡种植了3万多亩玛瑙红樱桃，每到春季，花骨朵缀满枝丫含苞待放，3万多亩樱花怒放，那是一场多么盛大的花事！樱桃成熟期间，3万多亩晶莹剔透酷似红玛瑙的红樱桃，又是多么壮美的一片风景！"小樱桃、大产业"，助推厍东关乡群众脱贫致富。

"林花谢了春红，太匆匆……"不，在毕节，你不会伤春悲秋的，无论何时何地，都有鲜花朝你怒放，总有花香沁你心脾。

赫章县威奢乡境内峰峦叠嶂，沟壑纵横，地势起伏变化大，垂直差异明显，喀斯特地貌突出，是贵州"十万大山"的中心地带，属典型的农业乡，原属贵州省重点贫困地区。威奢，音译于彝语，意为"开满小黄花的地方"。① 而今，威奢乡可不只"开满小黄花"，山英村引进种植千亩大马士革玫瑰，佳森农科公司年产鲜花3000吨，年产达到国际香型标准的玫瑰精油100公斤，此属于国家级贫困县项目，带动100多贫困户脱贫致富。暮春时节，红艳艳的玫瑰娇嫩欲滴，给山村带来无限生机，给农民带来热切希望。

阿西里西大草原是贵州最大的天然草原，主要区域就坐落于威奢。"阿西里西"在彝语中意为"我们是好朋友"。气势恢宏的阿西里西大草原，绵延数十里，铺展百万亩，几乎一年四季青草茂盛，野花遍地。阿西里西韭菜坪是世界上面积最大的野韭菜花带、全国仅有的野生韭菜花保护区。秋天，野韭菜花开漫山遍野，在乌蒙山峰、广袤云海的环绕下，整座山峦就是一片紫色的"云上花海"，美轮美奂令人震撼。当地村

① 红艳艳的玫瑰给农户带来了希望，带来了生机，带来了收入，带来了幸福的生活。小小玫瑰大商机，这是国家的好政策，也是威奢乡农民辛勤劳动的成果。

民说，韭菜花是上天赐给他们的"福报"——"这种花移植到别的地方活不了，只能在这座高山上大面积生存，你说是不是我们的福气啊！"

毕节遍布"芳香小镇"，它们以鲜花为主题，以花卉为产品，玫瑰、桂花、雪菊、万寿菊、薰衣草、郁金香、韭菜花……都是牵引农民走上小康之路的"牵农花"。

①花开毕节，花开贵州，花开中国。

❶ 花开是幸福生活的象征，作者通过这句话表达了她对毕节，贵州乃至中国的美好祝福和期盼。

延伸思考

1. 简述本文主题。

_____

_____

2. 文中出现大量描写花的诗句有什么意义？

_____

_____

3. 简述本文写作思路。

_____

_____

尼阿多天梯

名师导读▶

　　红河哈尼梯田是以哈尼族为主的各族人民利用当地的地理气候条件创造的农耕文明奇观。作者用赞叹的笔调描写了哈尼梯田独一无二的美丽风光，描写出了哈尼梯田在世界农耕文明史上的重要意义和地位，还描写出了哈尼族人不畏艰险、不怕困苦的优秀品质和他们的聪明智慧。表达了作者对震惊世界的哈尼梯田的赞美、对富有艺术气质的哈尼族人民的赞扬，也表达了作者身为一个中国人的自豪感。

❶ 此处用一组排比句式写出了哈尼梯田的规模之大、风景之美，写出了哈尼梯田在世界文化遗产中的重要地位以及其独特的文化价值。

　　在遥远的滇东南，在奔腾不息的红河两岸，在巍峨绵延的哀牢山中，有一片仿佛被施了魔法的神奇土地，那就是红河哈尼梯田。

　　①哈尼梯田，是地球上最壮观的梯田，是华夏神州最壮丽的梯田，是独具一格的全国重点文物保护单位。迄今为止，它是唯一以民族命名的世界文化遗产，是唯一以农耕文化为内容的世界文化遗产。

　　哈尼梯田被列入世界文化遗产名录，使得中国一跃成为第二大世界遗产国（超越了西班牙，仅次于意大利）。

① 远古的哈尼梯田，既出自造物主之手，也出自哈尼族人之手。

古老而神奇的元阳，为红河州哈尼族聚居大县，是哈尼人故乡和哈尼梯田核心区。哈尼梯田充满高山河谷，布满原野大地；山重水复中，近20万亩哈尼梯田蔚为大观，被誉为"中华风度，世界奇观"。

经由天神的启示，经由灵感的引导，勤劳智慧的哈尼人民，依靠独特的地理优势，以朴拙而又巧妙的艺术形式，将民族精神表现于梯田之中。

② 哈尼人垦殖梯田的想象力无比丰富：依山顺势，层层叠叠，小者如簸箕，大则数亩地；低者几十层，高则数千级，连绵向上，直达云海。

山有多高，水就有多高，水有多高，哈尼梯田就有多高。

无论登上元阳哪座山顶，眼前汹涌而来的都是梯田。绕着山路转一圈，每个角度都能见到不一样的梯田。

③ 哈尼梯田是什么样子，取决于你在什么季节看到它。春季，微风过处，梯田波光粼粼，像极了木刻年画；夏季，禾苗生长，梯田青翠欲滴，自是清新水彩画；秋季，稻浪起伏，梯田金黄灿烂，正是绚丽的版画；冬季，层林尽染，梯田五彩斑斓，便是浓墨重彩的油画。

固然四季如画，初春是探访哈尼梯田的最好时节，也是游客和摄影家从四面八方蜂拥而至的时候。此时，梯田里一汪一汪的活水，闪烁着神秘的光芒，梯田间一级一级的田埂，集合成磅礴的曲线交响乐。云雾缭

❶ 此段引出下文。感叹造物主的神奇，赞扬哈尼族人的聪明智慧。中华大地上能人辈出，人们在改造大自然的过程中创造了一个又一个的奇迹。

❷ 此处用排比和对比描绘了哈尼梯田的形态和规模，表达了对哈尼族人的赞美。

❸ 此处一组排比句详细描写了哈尼梯田一年四季的如画美景，这是人民的智慧，更是大自然的馈赠。

绕中，哈尼梯田扑朔迷离如梦如幻，当阳光穿过云层照耀下来，哈尼梯田美轮美奂如诗如画。

群山环抱的箐口村，是哈尼族聚居村寨，蘑菇房舍错落有致，五彩梯田宛如织锦。安宁静谧的村子，民族特色鲜明，纯朴本真的村民，保持着对天地的敬畏。《中国国家地理》曾评选出六大"中国最美乡村古镇"，红河哈尼村落排名第二，评语是"万千明镜映炊烟"。箐口村，就是这样一个"万千明镜映炊烟"的美丽乡村。

箐口梯田以梯田、云海、日出三景合一闻名。^①当旭日东升喷薄而出，当山顶放射出紫红霞光，当白茫茫的云海盈满山谷，当水波上面是云朵，云朵旁边是桃花，当天、地、人融为一体，恍入仙境的我想起一首古诗："只有天在上，更无山与齐。举头红日近，回首白云低。"

^②山势险峻气势恢弘的老虎嘴梯田，日落时分最为迷人，"看那青山荡漾在水上，看那晚霞吻着夕阳"，令人心醉神迷。坝达梯田，能将天空分割成千万块，能把太阳分化成万千颗，千变万化奇妙莫测，令人目瞪口呆。

隋唐以来，哀牢山上的哈尼人挖筑了近 5000 条水沟，沟渠如一条条银色腰带，将大山一道道紧紧缠绕，被截入沟渠内的水流，从根本上解决了梯田稻作的命脉问题。^③绝美的哈尼梯田，既是举世瞩目的农耕景观，也是世所罕见的水利工程，自然风光与人类艺术，农耕传统与现代文明，在这儿对接得如此完美。哈尼梯田，以中华民族文化经典的方式，呈现出哈尼族人民顽强的意志，展现出哈尼族人民卓越的心灵。

❶ 详细描写了箐口梯田旭日东升时美轮美奂、诗情画意的美景。

❷ 两个拟人句的引用将老虎嘴梯田日落时分青山绿水、晚霞夕阳那令人心醉神迷的美景描写得形象生动。

❸ 此句总结上文。哈尼梯田是哈尼族人聪明才智的显现，是哈尼族人辛勤劳动的结晶，是传统与现代文明的碰撞和融合、是举世瞩目的伟大成就……

哈尼族人，生命与信仰一致，劳作与艺术一致。动人的哈尼古歌，在这片生生不息的土地上永恒传唱。

哈尼梯田——哈尼族人民用灵魂歌颂的"尼阿多天梯"，你是天神的恩赐，你是大地的雕塑，你是自然的造化，你是人类的诗篇。

延伸思考

1. 简要回答哈尼梯田在世界文化方面的地位。

_____

_____

2. 简述本文主题。

_____

_____

3. 本文的写作特点有哪些？

_____

_____

神农架

名师导读 ▶

　　作者由神秘的北纬 30 度线上的令人震撼、震惊的奇观、奇迹入手，给文章披上了一层神秘的面纱。本文描写了千年来连绵不绝的神农溪里面峡谷天雕、奇洞天成的自然景观和千古之谜的"悬棺"。神农架的野人虽然没有科学依据，但被人们传得神乎其神，不知多少文人墨客、科学家、探险家为之痴迷，其引人入胜的自然之谜更是让外国人也给予了它高度评价。奇异的白化动物、世界上最大最珍贵的两栖史前动物大鲵、鬼灵精怪的金丝猴、玄妙莫测的四大垭、漫山遍野的奇花异草、国家一级保护植物珙桐、留有引人入胜故事"薛刚反周"的九大湖，无不吸引着中外游人的眼球。

❶ 通过列举北纬 30 度线上的令世人震惊的奇观、奇迹，说明这条纬线上的奇迹之多，增加了这条纬线的神秘感，一下子就抓住了读者的阅读兴趣。

　　贯穿四大文明古国的北纬 30 度线，① 是地球上一条神奇的纬线，这条虚拟的神奇纬线却有着真实的神秘力量，珠穆朗玛峰、埃及金字塔、玛雅文明遗址、撒哈拉大沙漠、死海、巴比伦空中花园、百慕大死亡三角区、传说中沉没的大西洲、"世界第九奇迹"三星堆……以及古老的神农架，这些令世人震撼、震惊的奇观、奇迹，都非常吊诡地位于这个纬度上。

因华夏始祖炎帝神农氏得名的神农架，群山莽莽林海苍苍，乃"百草药园""物种基因库"，① 生物种类极其丰富。这片迷人的世界，是各种动植物的寄居之所，也是地球上中纬度地区唯一保存完好的原始绿洲，且至今保存有世界上最完整的晚前寒武纪地质夷平面。

神农架原始森林里，流淌着一股翡翠般的溪水，千百年来连绵不绝，形成深潭碧水的龙昌峡、鹦鹉峡、神农峡，它就是神农溪。杜甫过龙昌峡后题诗："迢迢水出走长蛇，怀抱江村在野牙。一叶兰舟龙洞府，数间茅屋野人家。冬来纯绿松杉树，春到间红桃李花。山下青莲遗故址，时时常有白云遮。"在神龙溪上，乘原始扁舟，看两岸飞瀑，听船工号子，发思古幽情，我有些恍兮惚兮。杜诗没有写到龙昌峡凌空绝壁上的悬棺。② 古人信奉"弥高者以为至孝，高葬者必有好报"，用智慧创造了"悬棺"这一丧葬奇迹，至于究竟是怎么做到的，令人匪夷所思。

"神农架野人"、北美"大脚怪"、西藏"雪人"，至今仍是世界未解之谜。关于"神农架野人"的文字记载，最早可追溯到《山海经》。野人，从屈原到袁枚，多少诗人墨客为之痴迷，无数科学家、探险家为之痴绝，"野人迷"张金星更是为之痴狂，终年坚守丛林追寻"野人"踪迹，虽说始终未能一睹神出鬼没的"野人"真面目，却意外收获了"美人"，而且"女粉丝"众多，甚至有洋美女从国外奔来哭着喊着要嫁给他。

❶ "唯一"和"最完整"体现了神农架在世界动植物研究史上的重要意义。

❷ 引用诗句说明古人选择"悬棺"的原因。悬棺展示了古代人民的聪明智慧，也体现了古人的至孝。

① 两个问句增加了神农架的神秘感。世界上还有好多科学家没法解释的谜题，希望青年不断努力学习，掌握更多的知识，为将来去探索和解读大自然的秘密打下坚实的基础。

② 运用拟人的修辞手法增加了文章的趣味性。

③ 连金丝燕都是神话故事中的主角，可见神农架传说之多，更增加了当地的神秘感。

神秘的神农架还深藏着不少自然之谜，等待人类去探索和揭秘：①白熊、白麂、白蛇、白鸦，世所罕见，这些奇异的白化动物，为什么会出现在神农架？世界上现存最大、最珍贵的两栖史前动物大鲵（娃娃鱼），为什么一直选择神农架作为它的家园？

金丝猴极为珍稀，与国宝熊猫齐名。神农架金丝猴是四川金丝猴的一支，几百年前一路迁徙流落到此，不知为何产生了相貌变异，长出一张鬼灵精怪的蓝色面孔，身上披着金黄色长针毛，一只"朝天鼻"萌萌的，因之被称为"仰鼻猴"。这些家伙奉行强者为王的丛林法则，实行"一夫多妻制"，雄猴终身为权力打斗，雌猴的天命是取悦猴王。挑战或许带来毁灭，或许带来机会，但想要拥有至高无上的权力，想要三宫六院妻妾成群，野心勃勃的雄猴就必须冒险。一番你死我活的激烈鏖战后，"旧世界"被打个落花流水，②胜者为王败者逃窜，仰鼻猴王国新猴王耀武扬威登基，在猴群中有着绝对的特权，国王陛下新的暴政统治周而复始。

神农架有四大垭：燕子垭、太子垭、天门垭、凉风垭。燕子垭天燕洞内，栖息着数万只短嘴金丝燕，它们的翅膀上长着金色羽毛，金色羽毛在阳光下金光四射。③这种名贵的金丝燕又名"誓鸟""帝女鸟"，在当地民间传说中，她就是炎帝女儿的化身，也正是神话故事"精卫填海"的主角。

玄妙莫测无奇不有的神农架，就是野生动植物的乐园和天堂。

太子垭，顾名思义与太子有关。太子垭上有太子诗：

"三阳本是标灵纪，二室由来独擅名。霞衣霞锦千般状，云峰云岫百重生。水炫珠光遇泉客，岩悬石镜厌山精。永愿乾坤符睿算，长居膝下属欢情。"诗不咋地且有媚上之嫌，但它系武则天儿子唐中宗李显在太子位时所作，便也流传至今。天门垭终年云雾缭绕，登临其上如入云天，是传说中神农氏"架木为坛，跨鹤升天"的地方，是观赏云海佛光的最佳所在。凉风垭，曾因八名游客在此遭遇"野人"名扬四海，它北临汉水南俯长江，是长江、汉水两大水系的分水岭，它流泉飞瀑奔腾直下，一半流入长江，一半流入汉江。因为留存着大片冰川时期的遗迹冰积石，凉风垭也被称为"冰川石海"。

无限风光在险峰。神农顶高耸入云，气候随着海拔变换，树木随着气候变化。神农架异草遍地奇花竞艳，一支香、二郎神、三支箭、四季青、五朵云、六月雪、七叶胆、八角莲、九死还阳草、十大功劳，这些民间草药，名称奇怪功效奇特。[①] "植物活化石"珙桐开花，是神农顶一大奇观，同一树上的花却不同时间开放，从初开到凋谢，色彩渐变异彩纷呈。珙桐为中国特有的单属植物，因花朵酷似飞鸽被称为"世界鸽子树"，是国家一级重点保护野生植物，是全世界著名的观赏植物，是千万年前新生代第三纪留下的孑遗植物，系法国传教士大卫神父首次发现并命名。

大片湿地将天然生成的高山湖泊，分割成条条块块九个湖泊，这就是大九湖。唐代，大九湖曾金戈铁马烽火连天。唐中宗也就是李显太子，被母后武则天贬为房州卢陵王后，做梦都想重登帝位。一日，他在

① 对"植物活化石"珙桐的详细描写，突出了珙桐的特点及价值。珙桐花独特的外形，次第开放以及色彩渐变的特点使其成为世界著名的观赏植物，也可以说是大自然的一大奇迹。

梦中得神农老祖点化，特命薛刚为帅，在大九湖屯兵练武，终于一举推翻武周王朝，恢复唐号。李显再次登上中宗皇帝宝座后，"薛刚反周"成为脍炙人口的历史故事。而今的大九湖，①旌旗湮没硝烟散尽，湖光山色时隐时现，鹊啼蛙鸣鹤翔马奔，村庄农舍炊烟袅袅，土家梆鼓缠绵悠扬，一派世外桃源般的田园风光，唯有留存的娘娘坟、点将台、小营盘、擂鼓台、鸾英寨、八王寨、古盐道等古战场遗迹，年复一年日复一日，静观花开花落云卷云舒，"忆往昔峥嵘岁月稠"。

夺人心魄的自然风光、万古洪荒的殊样景观、星罗棋布的历史遗迹、奇特瑰丽的文化遗存，在神农架合为一体，集为大成。②神农架成为"联合国人与生物圈"保护区，被美国国家地理杂志推荐为"人一辈子不得不去的地方"，被《环球游报》等国内媒体及外国驻华使节评选为"中国最值得外国人去的50个地方"之一……用不着再说别的了吧？从现在起，如果你要锁定一个地方，来一场说走就走的旅行，我相信，这个地方非神农架莫属。

❶ 几个排比句将今日恬静、闲适、鸟鸣蛙啼的田园风光写得悠然惬意。

❷ 运用引用的修辞手法，体现出神农架自然风光的举世无双、传说的神秘莫测、生物的珍奇稀有。

延伸思考

1. 作者描写神农架神秘莫测的四大垭有什么作用？

_____

_____

2. 作者如何评价神农架?

_____

_____

3. 说说神农架在外国人眼中的价值。

_____

_____

黑竹沟

名师导读 ▶

　　开篇用对比手法引出黑竹沟，勾起人们兴趣。接着从广袤的视角描写峨边地区的风土人情。进而由黑竹沟在当地人们心目中的重要地位自然过渡到黑竹沟。作者不吝辞藻，描绘黑竹沟奇特的动植物、优美的景点以及神秘的危险诱惑。作者通过对黑竹沟的描写，把其对此地的喜爱眷恋之情表现得淋漓尽致。

　　藏区有九寨沟[1]，彝区有黑竹沟。

　　懒洋洋歪躺在沙发上，漫不经心翻阅着报刊，当上面这行大字扑入眼帘，我顿时下意识地端直了身体。

　　① 九寨沟当然知道。黑竹沟？

　　与九寨沟相提并论，处于我久已神往的彝区，位于神奇的北纬 30 度线上，被称为"东方的百慕大"……

❶ 对比手法的运用引起读者的浓厚兴趣。引出下文对黑竹沟的介绍。

[1] 九寨沟，国家级自然保护区，位于四川省阿坝藏族羌族自治州九寨沟县境内，是中国第一个以保护自然风景为主要目的的自然保护区，也是中国著名风景名胜区和全国文明风景旅游区示范点。

黑竹沟，这个神秘的名字，这片神奇的秘境，一下就强烈吸引了我，仿佛前世有约，感觉今生缘到。

奔向峨边——峨水之滨、峨山之麓的彝族自治县。

峨水就是大渡河，峨山就是峨眉山。峨边，山环水绕，大渡河似乎无所不在。隔河是沙湾，沫水长流的地方，郭沫若的故乡。再往里走走，就是泸定，"红军飞夺泸定桥"闻名天下。峨边人开门就能见山——背峰山。峨边人说，"背峰山是我们峨边的脊梁"。登上背峰山山顶，峨眉山尽收眼底。峨边是全国唯一没有交通红绿灯的城市，可见小城之祥和、安定、怡然。

① "五彩云霞空中飘，天上飞来金丝鸟……索玛花一朵朵，红军从咱家乡过……"每当哼唱起优美深情的歌曲《情深谊长》[1]，眼前就会浮现出一幅美丽景象：天空中，五彩云霞飘，金丝小鸟飞；大地上，远远地从天边走来一队彝族姑娘，个个身着红、黑色的漂亮衣裙，打着黄色的油纸伞，美丽多情，款款而至。

彝族同胞偏爱红、黄、黑三色——红色代表火焰，黄色代表太阳，黑色代表大地。置身峨边，触目皆是身着民族服饰的彝族姑娘。能歌善舞的彝族同胞自豪地宣称："不会跳舞的只有老牛，不会唱歌的只有木头。"可想而知彝族姑娘有多美，她们是小凉山另一朵索玛花。

川菜、湘菜、赣菜，对我来说，没有最爱只有更爱。峨边的菜肴更好吃，尤其腊肉炒竹笋、牛肉炖土豆，那个香、嫩、脆、鲜，让人食指大动。身旁的峨边常务副县长告知：② 黑竹沟竹笋早就是国宴佳肴，曾经

❶ 此处引用歌词，借歌赞叹峨边地区的美丽景色，衬托出美丽多情的彝族姑娘，也反映了彝族人民淳朴、善良的民风、民俗。

❷ 黑竹沟竹笋早就是国宴佳品，而它四十年才开一次花，所以更显其珍贵。

---

[1]《情深谊长》，是音乐舞蹈剧《东方红》的插曲。

招待过美国总统尼克松，它很珍奇，四十年才开一次花；黑竹沟藤椒，属野生植物，芳香浓郁、麻味醇正，是调味的佳品。黑竹沟竹笋和藤椒，都是国家地理标志保护产品、国家农产品地理标志产品。

这位孙常务副县长是安徽人，在西南财经大学求学时，爱上了川菜川妹，毕业后就不回家乡了。大丈夫志在四方，孙副县长志在四川，"少不入川，老不出蜀"不足道也。

① 黑竹沟，黑竹沟。峨边人三句话不离黑竹沟。黑竹沟的神秘面纱，渐渐被撩开：方圆百里，区域内高山、峡谷、森林、草甸、湖泊、冰川、瀑布、深潭、暗河、地泉无所不有，奇异的山峰和岩洞比比皆是，日出、云海、佛光无比壮丽。它是极其完整的生态群落，是最原始的国家森林公园，有世界级景点六处、国家级景点二十处；有动植物五千余种、国家珍稀濒危保护物种三十余种；是国家 AAAA 级旅游景区、国家级自然保护区、国家级水利风景区，是省级自然遗产、省级风景名胜区、省级生态旅游示范区，是彝族风情观赏区，被央视评为"森林氧吧"……

但是——

② "它地形复杂、山岭险峻，当地人称之为'魔沟'，外界称之为'最深度、最原始、最疯狂、最恐怖的探险之地'，鬼推磨、阴阳界、狐狸山、石门关、挖黑罗豁、涡罗挖曲……这些地名，听着都吓人。有的地方，时钟停止、罗盘失灵、人畜神秘失踪，轻易去不得啊！"

越是禁忌，便越是诱惑。我们急欲进入黑竹沟。

蜂巢岩、马里冷旧，是进入黑竹沟腹地的入口。蜂巢岩是一片原始峡谷丛林，因岩壁上有无数圆洞，

❶ 重复两遍起强调作用，更显示出黑竹沟在峨边人们心目中的重要地位。也从侧面说明黑竹沟对峨边人民的贡献之大和影响之深远。

❷ 此处细节描写、引用、列举手法的运用将黑竹沟流传的危险和神秘写得淋漓尽致。因为地形复杂、山岭险峻，才会成为"最深度、最原始、最疯狂、最恐怖的探险之地"，因着这些"最"的诱惑，才会让一批又一批的探险者勇敢探索。

色呈黑褐宛若蜂巢而得名。蜂巢岩四面峻岭陡峭，岩底横着雪涛翻滚吼声如雷的三岔河。马里冷旧是彝语，意思是开满红花的草地。马里冷旧是天然高山湿地，四周杜鹃环绕，国家一级重点保护植物珙桐漫山遍野，各种山花随季节次第开放，人在其中如入花海。

黑竹沟的山峰高低落差达三千米。纵横交错的沟壑、垂直分布的植被，造就出阶层分明的植物世界：当山巅上的树枝成为冰雕，山谷里正花团锦簇万紫千红。沟里有种子植物三千余种、药用植物一千五百余种、多类花卉二百余种、国家稀有特有珍贵植物二十多种……理所当然，珙桐是黑竹沟植物王国的王室贵族；参天古树和野藤，是优越的上流社会；灌木丛林，是低调的中产阶级；高山草甸，是地道的草根；匍匐的苔藓，则是最为卑微的奴隶社会。而杜鹃花（即索玛花），品种之多、花色之艳、面积之广，为世界之冠。据说黑竹沟杜鹃分公母，他们却又只能遥遥相望，倘若公、母杜鹃同时啼哭，晴好天气会瞬间变阴下雨。这引发我无限遐想：<u>①他们是牛郎织女吗，从迢迢银汉跌落人间？</u>

黑竹沟，<u>②是动植物的天然基因库，是人类的自然博物馆。</u>

无数的山野精灵，在黑竹沟找到了生命的乐园。黑竹沟有三十多种国家珍稀濒危保护动物，其中一、二级重点保护野生动物有大熊猫、羚牛、四川山鹧鸪、云豹、小熊猫、猕猴、短尾猴等，观赏和科研价值都很高。当地居民曾捕捉到的黑豹，竟为亚洲首次发现。黑白条纹大熊猫、黑白斑点"花熊猫"，是这些稀有动物中的珍稀物种，它们可不是憨态可掬的乖宝宝，也

❶ 神话传说的引用，调侃的语气使作者的文章显得风趣幽默，令读者忍俊不禁。

❷ 此句承上启下，既总结了前面介绍的植物品种之多，又说明了黑竹沟动物的品种之全。

不是只吃竹子的素食主义者，经常溜到彝寨对家畜痛下杀手，①给自己打打牙祭改善生活，村里的牛、羊、猪都是它们潜在的美餐。

断岩交错的三岔河大峡谷，是黑竹沟水景观最集中的景区。在宽广的山谷内，在湿润、清新、沁凉的雾气中，只有驻足定睛极目四望，才能发现不远处绵亘着重峦叠嶂。险峻角峰和奇绝深谷，构成巨幅绝美画卷。秋气肃杀，阳光是这里的奢侈品，沉寂的峡谷吐出料峭的寒气，给人以莫名的压迫感，让我感觉到洪荒之力的存在。

在三岔河上游、黑竹沟腹地，有一个充满意外、惊悚和奇闻的地方，那就是传说中的"死亡之谷"，当地人称"石门关"。它是一条原始峡谷林带，面积二十多平方公里。人畜进入石门关后，屡屡神秘失踪，幸存者寥寥无几，即便对装备齐全经验丰富的职业探险队员来说，也是生死之旅，能否活着出来，全凭命运的安排。②当地彝家有谚："进了石门关，不见人生还。""猎户入内无踪影，壮士一去不回头。""石门关石门关，迷雾暗河伴深潭，獐猴至此愁攀援，英雄难过这一关。"在他们心目中，石门关就是鬼门关。世界上最著名的"七大神秘恐怖死亡谷"，黑竹沟作为"怪雾死亡谷"榜上有名，其余为：昆仑山的"地狱死亡谷"、俄罗斯的"死亡山谷"、美国的"人类死亡谷"、意大利的"动物死亡谷"、印尼爪哇岛的"死亡洞"、纳米比亚的"死亡谷"。

黑竹沟的云雾变化万千，让人永远捉摸不透。人、畜进到石门关后，为什么会失踪，是怎样失踪的，一直是个谜团。③未必科学的"科学分析"说：这里终

① 此处用拟人手法反衬出作者对黑白条纹大熊猫、黑白斑点"花熊猫"的喜爱之情。

② 引用一系列谚语把石门关的恐怖和危险描写得生动形象。即使善于攀援的猿猴到此也发愁，英雄到此也难过一关，所以更不用说猎户和普通人了，可见石门关就如同鬼门关一样让人感到恐怖。

③ 世界上还有好多科学解释不了的东西，很多事物有待我们继续探索和发掘。

年云雾弥漫诡秘阴森，可能是变化无常的迷雾将人、畜包围吞没了。但是，问题来了：此地为什么日夜云雾缭绕迷离莫测？彝族同胞给出的答案是：① 人和畜惊扰了山神，山神发怒吐出青雾，将他们卷走了。

彝族同胞信奉万物有灵，至今自然崇拜、图腾崇拜、祖先崇拜。他们敬畏山神，更敬畏野人，称野人为"诺神罗阿普"——山神的爷爷。世人多知晓神农架野人，不知黑竹沟也有野人。四十年前，勒乌乡村民冉千布干亲眼看见过野人：身高约两米、脸部与人无异、浑身长满黄褐色绒毛的雄性巨物。其他村民也发现过野人的踪迹。野人谷是当地人心目中的世外桃源，这我就不大理解了。

特克马鞍山海拔四千多米，是川西南最高峰，是黑竹沟两大水系的分水岭。它上部呈三棱形，酷似埃及金字塔。在阳光的照耀下，山脊好似一条细细的金线，迤逦于天际之上，山峰金碧辉煌华光四射，成为极罕见的奇观。雪峰下的冰斗、冰川遗迹，仿佛天地间的一个巨大冷库。

② 严寒与温暖，贫瘠与丰饶，荒芜与繁盛，美丽与狰狞，宁静与狂野，生命与死亡，天堂与地狱……相生相克并行不悖于黑竹沟。我也差点迷失在黑竹沟，不是触怒了山神，而是因为它太迷人：旖旎不逊于九寨沟，却多了原始神秘；神奇不亚于神农架，但多了惊险刺激。

❶ 引用彝族同胞的传说，更显得黑竹沟的神秘莫测。

❷ 对比和列举手法总结了黑竹沟的特点。看似极端的两种情况在黑竹沟却并不相悖，真是大自然的一项神奇馈赠。

1. 作者详细描写黑竹沟两大特产有什么意义？

_____

_____

2. 简述本文写作特点。

_____

_____

3. 为什么说黑竹沟是动植物的天然基因库，是人类的自然博物馆？

_____

_____

在美丽的黔南

沿着举世闻名的"历史弯道",欣赏着沿途美丽的风景,来到诸葛亮的南征重地,红军长征重镇——黔西南。黔西南的首府兴义有"保存最完整、集中连片分布面积最大、地貌景观最典型、科学和美学价值极高的景观",具有雄、奇、险、秀、幽等特点的马岭河峡谷让人身心激荡;万峰林仿佛万马奔腾于眼前,十分壮观;纳灰村风光旖旎,是田园风貌安详的世外桃源。金州山水可行、可望、可游、可居,让人流连忘返。另一风景如画、古韵悠然的镇远让人一见钟情。亘古不息的舞阳河呈 s 形贯穿全城,令全镇一分为二,仿佛太极图案。雄伟壮观的青龙洞,雄奇险峻的石屏山,都在诉说着镇远悠久的历史。

金 州

黔西南,是一个王朝的背影:夜郎古国在此神秘出现,之后又神秘消失。黔西南,是一片悲壮的疆场:

诸葛亮南征重地，红军长征重镇……

从贵阳出发往金州去，沿途皆风景。

一条攀升于山坡的巨龙，突如其来，惊心动魄。它就是晴隆二十四道拐：二战时期的"史迪威公路"，"抗战生命线"的咽喉要道，举世闻名的"历史的弯道"，公路建设史上的不朽神话。

遥远诡谲的黔西南，就这样来到我眼前。

首府兴义也名金州，洁净、幽雅、精致，有着"保存最完整、集中连片分布面积最大、地貌景观最典型、科学和美学价值极高的景观"，国际专家惊呼在此发现"中国喀斯特精华"。①金州人把小城布局得恰到好处，正符合安居乐业和旅游观光的需要。

马岭河峡谷就在金州城郊，雄、奇、险、秀、幽的特点它全有。这儿山高水长，水是这儿的精髓，奔腾的瀑布、明净的溪流，激荡着我的心。呼吸一口清甜的空气，我简直想唱歌。

云朵洁白，万峰延绵。浩瀚苍茫的万峰林，一峰连着一峰，两万余山头"磅礴数千里"，②仿佛千军万马奔于眼前，无比壮观。奇美的山峦、碧绿的田野、古朴的村寨，完美地融为一体，构成天底下罕见的特色风光，绘就"奇峰似林，田坝胜锦，村落如珠，古榕若翠"的巨幅画卷，十分壮丽。

万峰林环抱的纳灰村，布依族风情浓郁的纳灰村，"半郭半乡村舍，半山半水田园"。得山水之清气，纳灰村风光如此旖旎，田园如此丰茂，农舍如此安详。清一色白墙黑瓦的民居，使纳灰村像一帧素雅的黑白

❶ 金州人心思精巧，把智慧运用于生活的每个地方。突出了金州人的生活品位和智慧。

❷ 比喻的运用将万峰林规模的宏大和群峰错落有致的模样写得十分贴切，描绘的景物仿佛就来到了眼前。

照，有着梦幻般的气质。

宋人有言，"山水有可行者，有可望者，有可游者，有可居者"，金州的山水，可行、可望、可游、可居。它就是我心中的家园，真想留下来当一个农妇。

镇 远

落日余晖，渔舟唱晚，青山含黛，锦绣楼台……镇远风景如画，古韵悠然。

镇远。光凭这两个字，就让我心动。来了，看见，爱上。莫非，我跟镇远有宿缘？

镇远"九山抱一水，一水分两城"，亘古不息的舞阳河呈 S 形贯穿全城，令古镇一分为二，仿佛太极图，祝圣桥横跨于舞阳河上，桥上的魁星阁将孔圣庙、青龙洞、中元禅院彼此勾连贯通，使太极古镇儒、佛、道相融相济携手并进。

①青龙洞古建筑群背靠青山面临绿水，五步一楼十步一阁，均贴壁临空于悬崖地带，集山水楼阁和寺、庙、观、俗于大成，非常雄伟、壮观。传说建文帝出家于此，洞中曾有对联为证：僧为帝帝亦为僧数十载衣钵相传正觉信然皇觉旧，叔负侄侄不负叔八百里芒鞋徒步龙山更比燕山高。

宫廷的权斗、王朝的兴衰、宗教的多元、历史的奇诡，带给镇远神秘的色彩。

镇远的历史，可追溯到远古诸神之战。镇远系交通要道、水陆要冲、滇楚锁钥、黔东门户，其防御体

❶ 场景描写写出了青龙洞古建筑群的建筑特点。古人过人的智慧令人望尘莫及。可见青龙洞古建筑群设计者胸怀的宽广、阅历的丰富、思维的巧妙。

系浑然天成，"欲据滇楚，必占镇远；欲通云贵，先守镇远。"秦时镇远为边关、明朝开始号"镇远"，吴三桂"冲冠一怒为红颜"，曾在镇远布兵鏖战。

❶ 一系列排比句将历代文人墨客、英雄豪杰对镇远的钟爱描写得淋漓尽致。可见镇远风景的独特和魅力。

① 明代书画家这样赞镇远，"多佳山水士大夫南边多游焉，或不得游则有为恨者矣"；清代文学家吴敬梓钟情于镇远，在《儒林外史》中多有提及；民国英雄说镇远"有胜水名山，令人盘桓而不忍离去"；最为人熟知的，是林则徐三过镇远后写下的诗作，感叹镇远地势之雄奇险峻："两山夹溪溪水恶，一径秋烟凿山脚。行人在山影在溪，此身未坠胆已落。"

❷ 此诗句运用比喻将石屏山的高、直、阔描写得十分生动。

镇远雄奇险峻之最在石屏山，② "石崖绝壁高千仞，端直苍阔如屏风"。

❸ 遍布镇远的名胜古迹诉说着昔日的繁华，展示着古人智慧。

③ 名胜古迹遍布镇远：名刹古寺、宫殿园林、戏楼会馆、码头驿道……镇远的民居，基本上为明清古建筑，依山势地貌而建，古街狭长幽深，古巷交叉衔连，古井四季不涸，古石桥风格别致。江南庭院风貌与山地建筑格局，在镇远完美地结合到了一起。

夜幕四合，镇远星空璀璨，舞阳河两岸大红灯笼高高挂，如火如荼漫无边际。我蓦然回首，正看见一辆红色列车沿河徐徐驶过，欢快地奔向远方。

延伸思考

1. 简述本文主题。

2. 作者引用历代名人对镇远的赞美，有什么作用？

★ 参考答案 ★

第一辑　走在天地间

【文学是人类感恩自然的最佳途径】

1.B

解析： A项，在原文第①段，"享受星辰、山河、森林、海洋，让生命从中获得身心滋养，获得真正的愉悦与幸福；而我们从自然中领受到的身心感悟，一旦化为文字，就成了自然文学"。A选项与原文表述一致。B项，强加因果，中国文化历来注重探究人与自然的关系与自然文学无论古今的主要内容都是山水、游记无直接因果关系，且文本中没有体现两者之间的因果关系，因而B选项错误。C项，在原文第②段，"古人写文章，大多写山水、游记，即使当今的散文写作领域，游记文章也占了相当大的比例。事实上，中国文化历来注重探究人与自然的关系。欧美几十年前也兴起了写山水、荒原、旷野，即写大自然的热潮，名之为'自然主义写作'，也就是自然文学"。该表述与原文意思一致。D项，在原文第③段"所谓自然文学，从内容上看，主要思索的是人类与自然的关系；从形式上说，当代的自然文学，主要包括环境文学和生态文学"。该选项表述正确。

2.A

解析： A项，在原文第①段"现代社会，红尘滚滚，人心浮躁，我们若想与喧嚣都市抗衡，也许最佳方式就是投入到自然中去"。A选项把"最佳方式"改为了"就要"，表述过于绝对化了。B项，在原文第

④段，"人应该有所敬畏，首先要敬畏大自然。以前，山青水绿，海晏河清，正是大自然对敬畏天地的人类的回报；现在，人们乱砍滥伐，破坏生态，自然灾害到处频发，也正是大自然对胡作非为的人类的惩罚"。该选项与原文意思表述一致。C项，在文章第⑦段"在古代中国，土地就代表社稷，皇城里必建有社稷坛，用五色土拼成，皇帝每年都要祭坛拜土。从世界范围来说，只有维护好所有的土地山河，才能保持全人类的健康"。该选项表述正确。D项，在原文第⑧段"园林是传统中国文化中的一种艺术形式，通过地形、山水、建筑群、花木等载体，衬托出人类的心灵寄托和精神文化"。该项表述正确。

3.B

解析：A项，在原文第④段"无论散文、诗歌、小说，都需要真诚深切的心灵，要具有大情怀。'非有大情怀，即无大艺术'，人应该有所敬畏，首先要敬畏大自然"。该项表述正确。B项，在文章第⑥段"在大自然中超脱现实、圆融身心，能使生命更快乐，人生也更有意义和价值"。在大自然中人生更有价值，而不是伟大，此处偷换概念。C项，在原文第⑨段，"我们的亲身体验，能唤起人们更加热爱壮丽山河；我们的美好感受，能激励人们更加追求精神享受"。该选项表述无误。D项，在文章第⑩段，"'山水无文难成景，风光着墨方有情'，一语道尽自然与文学的关系"。该选项表述正确。

【走在天地间】

1.（1）是中国最为壮丽辉煌的地方。（2）是中华民族的摇篮、华夏文明的发祥地。（3）是一片理想主义的天空，那是一片英豪辈出的土地。（4）陕西石油是黄土地上的脉搏。（5）延安精神，薪火相传。

2.斯诺的《西行漫记》介绍了西北革命根据地和中国工农红军以

及许多红军领袖、红军将领的情况。从多个方面展示中国共产党为民族解放而艰苦奋斗和牺牲奉献的精神，这里提到这本书是为了说明陕西对中国革命的影响之深。

【汉之玉】

1.汉中，这座"琼台玉宇汉上城"是一座了不起的城市，尤其对汉人来说，汉中是汉朝的起点，汉族从这里诞生；汉中是汉文化发源地，汉语、汉字、汉书、汉学，皆起源于此。汉中还有汉江、汉山，中国以汉中划分南北。汉江，古有"天汉"之美称，来源于《诗经》中"唯天有汉，鉴亦有光"；汉山，是周公祭天的神山，曹操以诗句"周公吐哺，天下归心"歌咏之。土厚水清的汉中，"青山汉水蓄王气"；浩荡着帝王气英雄魂的汉中，自古深山藏美玉，"石韫玉而山辉"。

2.（1）因为是财富和地位的象征，尊贵至极，只有君王才能佩戴。

（2）后来玉成为国之礼器。

（3）由于玉的质地坚硬而细腻，所以被赋予了美好的寓意。与中国传统文化相融合。

（4）由于玉可以通灵，所以人们赋予了它辟邪的功效。

（5）君王和嫔妃特别追捧，认为玉有美容养颜的功效。

（6）因为它十分的美，让人赏心悦目。

【秘　境】

1.重要性：横贯东西的秦岭，是汉江、丹江的发源地；是地球上唯一的朱鹮营巢地；是长江与黄河流域的分水岭；是中国南北方的分界线。秦岭被尊为华夏文明的龙脉，"华夏"之称就来自秦岭与汉江。

大秦、大汉、大唐，中国历史上这三个高光时刻，都与秦岭有着不解之缘。重要作用：凭借秦岭荫庇，秦国横扫六合完成霸业；韩信在秦岭"明修栈道，暗度陈仓"，为汉朝扩展辽阔版图奠定基业；唐太宗李世民的行宫翠微宫在秦岭中。

2.（1）黎坪有中国唯一具有侏罗纪时代地貌植物特征的原始森林。（2）有濒临灭绝的物种、全国面积最大的巴山松林。（3）曾被"世界自然保护联盟"宣布已经灭绝的特有模式植物崖柏，在黎坪重新被发现。（4）大量存在于史前热带雨林中的野生附生植物，无数古老的藤本植物，也存在于黎坪。

3.（1）展现大自然的神奇。（2）表达对大自然的崇敬和热爱之情。（3）说明了秦岭地质特征的奇特和神秘。

【隐匿的王城】

1.（1）说明石峁古城历史的悠久。（2）说明石峁古城的神秘莫测。（3）说明科研工作的艰难、艰辛以及时间的漫长。

2. 本文通过对石峁古城的规模、建筑格局、出土文物——尤其是玉器的数量、品类和工艺，以及对石峁的手工业、音乐、壁画的描写，赞叹了古人的聪明智慧，展现了石峁时期发达的经济、军事、艺术。通过对古代祭祀的猜想和大量头骨的描述说明了古代等级制度的森严和下层人民的悲惨生活。还通过对石峁古城的发掘描写说明了考古学家工作的艰辛和不易，同时阐释考古的重大意义。

3. 在多到难以想象的石峁遗址出土文物中，数量最多、品类最全、工艺最高的是玉器。石峁玉器的发现，远远早于石峁城址的发掘。《中国玉器》一书，详细记载、描述了石峁牙璋。从那时候起，流失海外的石峁古玉有数千件，欧美多家博物馆都有收藏。流落到民间的石峁古玉更是不计其数，经常是一场暴雨过后幸运的当地村民俯首即拾。石峁玉器中牙璋风格非常突出，牙璧造型奇特，专家称之为"精美绝伦，独一无二"。那时候的石峁玉匠，竟然掌握了当今玉器加工的一整套技法，甚至打磨出了针孔可以穿引麻线的玉针，工艺精美到不可思议，有的雕刻艺术对今人来说都是高难度挑战，真是太了不起了。

【景东散记】

1. 哀牢山是南、北动物的天然"走廊"，是候鸟迁徙的必经之地，是中国最大的生物王国：有着占全国总量三分之一的物种，有数十种国家重点保护动物，还有大量的珍贵经济动物、药用动物和观赏鸟类。它也是地球同纬度上生物资源最为丰富的自然综合体，因此被中外学者誉为"天然物种基因库"。

2. 本文作者通过对景东的无量山、黄草岭、哀牢山等地的特产和自然美景的描述，以及对哈尼梯田、杜鹃湖的美景，土林的奇特，长臂猿的机警等的描写感叹了大自然的神奇，表现了自己对大自然的热爱，赞扬了当地劳动人民的智慧，肯定了当地的发展理念，歌颂了祖国的地大物博、景色优美。

3. （1）肯定刘站长不畏艰辛、兢兢业业的工作精神。（2）勉励我们向刘站长学习。

第二辑　北面山河

【北面山河】

1.D

解析：该题侧重考查对文章具体内容的辨析，需要做到"原文细读"，从四个选项的内容构成来看，四个选项的前半部分均是对文章事实的陈述，首先应当确定原文位置，然后辨析选项的后边部分的解析是否正确。A选项在原文的第一段，前半段写首段内容无误，后边部分写"奠定文章情感基调"不正确，第一段主要写的是陕北地区的环境，写陕北的历史感。B选项在原文第三段，引用《怀远县志》是想说明"波罗的来头不得了"，而非为了写接引寺的文化传承。C选项在原文第四段，文章写波罗的军事设施，是为了阐释"波罗不只有香火，还有战火"。

2.B

解析：该题考查文章艺术特色，需要做到对文章整体的精准把握，同时也要学会对文章局部进行鉴赏。A选项涉及考点为"文章的叙述人称"，第一人称，即从"我"的视角展开叙述。第二人称，是写"你"，以"你怎样怎样"的口吻叙述。第三人称，是发生在事件之外的第三人，以旁观者的身份出现。该选项表述正确。B选项考查对"虚写"与"实写"辨析，原文第七段对边塞诗句的引用是虚写，因而该选项表述错误，故选B。C选项考查"衬托"，第二段最后一句"然而，比起大名鼎鼎的波罗堡接引寺，龙泉大寺和盘龙寺就逊色多了。"正是通过龙泉大寺和盘龙寺来衬托波罗堡接引寺。D选项考查学生对文章的整体理解力，整篇文章主要写的是历史文化，而非景色。

3.（1）波罗孕育了横山文化，养育了横山儿女，塑造了他们的精神气质；（2）丰富文章内容，增强了文章的历史气息。

解析： 本题考查"详写的作用"，作者为了突出重点，一般在写景或叙事时采用详略得当这一手法。详略得当作用有二，其一可以让读者感受到文章内容的丰富性，其二可以让读者更加容易地抓住重点。本文详细叙写波罗的香火、战火、建筑是为了突出波罗的大名鼎鼎及其丰富历史，同时达到详略得当、重点突出的表达效果。

4.（1）描写横山古寺气势恢宏、历史悠久的文化厚重之"气"。（2）表现横山儿女强健、悍勇、刚烈的精神之"气"。（3）表现信天游、老腰鼓粗犷有力、激昂刚劲的豪放之"气"。（4）叙写横山儿女浴血苦战、为革命作出重大贡献的奋发之"气"。

解析： 本题考查文章所体现的内在精神之气，需通读原文，总结概括，第一段写横山山脉之气。第五段写波罗的建筑风格所呈现的静穆之气。第八段写雄伟的高原，巍峨的横山，奔腾的永定河塑造出的悍勇强烈的横山精神之气。第十段写横山孕育的信天游、老腰鼓所体现的粗犷豪放之气。第十一段写陕北儿女为建立红色政权而奋起拼搏之气。

【塔 畈】

1.作者通过描写塔畈的自然美景表达了对塔畈的热爱；通过对杏花村人张祖星回乡创建电商产业园，浙江海洋大学教授储张杰回乡创业的描写赞扬了塔畈人的热爱家乡、建设家乡的壮举；最后借香郁浓醇的茶叶赞扬了塔畈茶的悠久历史，赞扬了劳动人民的勤劳和智慧。

2.（1）表现塔畈人民对家乡的热爱以及他们为家乡所做的贡献。（2）赞扬朴实善良、勤劳勇敢的塔畈人民。（3）说明塔畈的发展离不开塔畈人民的贡献。

3. 塔畈正是中国名茶之乡。潜山种茶历史悠久,潜山茶叶色绿形美、香郁味醇,自北宋沈括始,几乎历朝历代都有赞美潜山茶的诗词,现如今,"彭河牌""天柱仙芽""天柱剑毫""天柱毛毛月"等系列茗茶香飘万家。塔畈茶更是名声在外,北宋乐史《太平寰宇记》记载其为贡品,清代文人罗庄著诗赞其"山茶风味犹堪夸"。无论时光如何流转,无论朝代怎样更替,一年又一年,塔畈茶花如期绽放,一代又一代,塔畈茶人守望家园;一座座美人髻般的茶园,一圈圈五线谱般的茶垅,造就茶博会金奖产品"塔畈"牌白茶,造就远近闻名的"生态茶乡"。

【登黄山记】

1.(1)感叹大自然的鬼斧神工。(2)表达作者对大自然的赞美。(3)表达作者对自然美景的向往之情。

2. 先是下大雨后慌乱,无可奈何之后默默承受:然后从大雨中发现一点乐趣——苦中作乐,继而又默默忍受大雨的冲刷,最后为领会旅行的意义而感到十分快乐。

3.(1)本文是叙述性散文。叙议结合,以叙述为主。(2)文笔优美。大量比喻、排比修辞以及双关、引用手法的运用使文章形象生动。(3)形散神不散。

【天赐玉山】

1.(1)表达了作者对金沙湾的热爱。(2)赞叹了大自然的鬼斧神工。

2. 怀玉山之名来自"天帝遗玉"。与三清山山脉相连的怀玉山,山顶玉峰被誉为"中国的普罗旺斯",是难得的避暑胜地;山间有朱熹手书"蟠龙岗"摩崖石刻，有赵佑手题"高山流水"摩崖石刻；山下有金刚峰法海寺，寺旁有与江南四大书院齐名的怀玉书院，朱熹曾于此讲学并著述《玉山讲义》。怀玉山还曾是闽、浙、赣革命根据地，是方志敏烈士的蒙难地，是中国共产党清贫精神的发源地。怀玉山也矿藏丰富，盛产青石板材。

【是为文成】

1. （1）他文韬武略：政治家、军事家、思想家、文学家、法学家、道学家。（2）他功勋卓著："三分天下诸葛亮，一统天下刘伯温"。（3）他自有风骨："疾恶如仇，与人往往不和"。（4）他扑朔迷离：早慧神童、洞悉天机、神机妙算、运筹帷幄、英雄落幕、结局离奇、后主追赐、民间神化。

2. 本文通过温州文成写到大明朝第一谋臣刘伯温的文韬武略、卓著功勋、独特的人格以及他神秘莫测的故事。表达了作者对刘伯温的倾慕和赞扬，同时感叹人在世间的渺小，在历史的滚滚车轮中，一切都会成空，唯有文章和忠心正气千古不灭。

【扬州慢】

1. （1）留下大量诗篇、对联、福字、匾额、碑刻。（2）成就了扬州的园林文化。（3）促进了扬州的经济发展。

2. （1）语言优美。作者大量引用古人优秀诗词，给文章增添了文学气息。大量使用修辞手法。（2）内容丰富。（3）形散神不散。尽管描述了大量内容，都是围绕对扬州的喜爱来写。（4）意境深邃。表达了作者对扬州的真挚的爱。

第三辑　最高的诗意

【回　望】

1.C

解析： 该题考查学生对原文内容及解析的判断能力。C项，表述错误，在原文第⑮段，详细列举了石城内的建筑物是为了说明石城麻雀虽小，五脏俱全。而不是为了说明建筑错落有致。

2.D

解析： 该题考查学生对文章所用的写作手法鉴赏。D项，"文章以描写自然景色为主，间以叙写吴堡的历史与文化"错。文章不是以景物描写为主，而是侧重叙述其历史、文化。

3.（1）作者知道吴堡是因为作家柳青；（2）用柳青的名言印证中国共产党在紧要时东渡黄河的英明，揭示吴堡在中国革命史上的地位。（3)引出后文对吴堡英雄辈出及在中国革命史上的重要性的叙述描写。（4）丰富文章内容，增强了文章的文化气息。

解析： 本题考查学生分析文章重要语段的作用的能力。由"最初知道吴堡，因为作家柳青。吴堡是柳青的故乡"分析可知：作者知道吴堡是因为作家柳青。由"刚到村口，一幅用柳青说过的话制作的标牌映入眼帘：'人生的道路虽然漫长，但紧要处常常只有几步，特别是当人年轻的时候'""半个世纪前，吴堡川口渡口，水浪滔天战船列阵，毛泽东主席率领中共中央机关前委和中国人民解放军总部，在勇敢智慧的吴堡人民齐心协力的支持下，从这儿乘木船东渡黄河、过境山西，前往西柏坡指挥解放战争，中国共产党从此一步一步走向胜利。毛主席转战陕北13个春秋留下的光辉足迹，在吴堡划上一个伟大的句号"分析可知：用柳青的名言印证中国共产党在紧要时东渡黄河的英明，揭示吴堡在中国革命史上的地位。由"吴堡扼秦晋之交通要冲，自古为兵家必争之地，凭借石城这一雄关险隘，千余年来，吴堡虽饱经战争创伤，却始终一夫当关，万夫莫开"，从未被破城。这座固若金汤的军事要塞，抗战时期再立新功，它抵抗住了日寇的侵略，守住了陕甘宁边区东大门，护卫了圣地延安，保卫了党中央"在此之前，多少英雄豪杰曾在这片黄土地上大展雄才一抒雄略，但都以失败告终。而红军在陕北，以少胜多、以弱胜强，成为世界战争史上的奇迹"分析可知，写作家柳青引出后文对吴堡英雄辈出及在中国革命史上的重要性的叙述描写。

综上分析，写作家柳青起到了丰富文章内容，增强文章的文化气息的作用。

4.①描写吴堡历史悠久的文化厚重之"气"。②叙写吴堡人民为革命作出重大贡献的勇敢之"气"。③表现红军以德胜强的精神之"气"。④彰显吴堡劳动人民"与天斗，与地斗"的勤劳智慧之"气"。⑤歌颂普通乡民热辣而又多情、对美和爱的向往追求之"气"。

解析：本题考查学生分析文章重要内容的作用的能力。据"在遥远的陕北之北，在苍莽的黄土高原，在浩荡的黄河岸边，有一座独具魅力的历史文化名城——吴堡""古吴堡石城年代久远，据成书于唐代的《元和郡县志》记载，'赫连勃勃破刘裕子义真于长安，遂虏其部，筑城以居之，号曰吴儿城'。若此说不谬，其当始建于公元418年，距今1602年。"分析可知，本文描写吴堡历史悠久的文化厚重之"气"。据"吴堡扼秦晋之交通要冲，自古为兵家必争之地，凭借石城这一雄关险隘，千余年来，吴堡虽饱经战争创伤，却始终'一夫当关，万夫莫开'，从未被破城。这座固若金汤的军事要塞，抗战时期再立新功，它抵抗住了日寇的侵略，守住了陕甘宁边区东大门，护卫了圣地延安，保卫了党中央"分析可知，本文叙写吴堡人民为革命作出重大贡献的勇敢之"气"。据"在此之前，多少英雄豪杰曾在这片黄土地上大展雄才一抒伟略，但都以失败告终。而红军在陕北，以少胜多、以弱胜强，成为世界战争史上的奇迹。山河之固，在德不在险"分析可知，本文表现红军以德胜强的精神之"气"。据"城墙的里外墙面均为石砌，条石拉筋、中间土夯，最重的石块一吨有余，普通筑石也多在300余斤，令我惊奇的是在生产力那么低下的古代，劳动人民是怎样'与天斗，与地斗'的？吴堡石城，就像古埃及金字塔，留给人们一个未解之谜"分析可知，本文彰显吴堡劳动人民"与天斗，与地斗"的勤劳智慧之"气"。据"吴堡手工空心挂面，需经十二道工序成品，它绵细又筋道，色、香、味皆诱人。热辣辣的陕北民歌从塬上响起，几乎要将我的心融化。身旁当即有人唱起《赶牲灵》，真是好听，掌声四起。歌者大声宣告：'《赶牲灵》作者张天恩，就是我们吴堡人！'自豪之情，溢于言表。我惊喜交加。被誉为'中国陕北民歌之首'的《赶牲灵》，原来就源自我脚下这片雄浑而又多情的土地，而且，这位为民间音乐作出巨大贡献的作者，竟然是一位时常赶着牲灵往返于秦晋的普通乡民""雄厚辽阔的黄土地，就是陕北人的生命舞台"分析可知，本文歌颂秦晋普通乡民热辣而又多情、对美和爱的向往追求之"气"。

【锦州的南山】

1. 本文从中国不胜枚举的"南山"入笔，引入锦州南山。由南山的得名写到其悠久的历史，又由历史谈到了勇猛异常的努尔哈赤。由努尔哈赤写到了抵御他的袁崇焕，尽数袁崇焕的勇猛、担当、继而是他的悲惨命运，以及袁崇焕的精神对后世的影响。笔锋一转写到明清时期在南山的大战以及明朝败亡的原因分析。最后历数锦州对现代革命的贡献。

2.此文形散神聚，内容丰富，语言优美，大量引用古人诗句及话语，叙议结合，时间跨度大，运用了多种修辞手法。

3."九一八"事变爆发，全中国第一支抗日义勇军在锦州诞生，锦州成为中华人民共和国国歌《义勇军进行曲》的发祥地；一九四八年，解放战争三大战役拉开序幕，首战辽沈战役的主战场就在锦州，南山也迎来了历史辉煌。解放军占领南山阵地后，革命洪流摧枯拉朽，解放军从一个胜利走向另一个胜利，中华人民共和国的第一缕曙光在锦州的南山升起。

【正北之北】

1.（1）说明莫尔道嘎物产的丰富。（2）表达当地人对家乡的热爱以及他们的自豪。

2.（1）恩和民居都是典型的俄式木屋"木刻楞"，极具西伯利亚农庄建筑风格。（2）恩和居民保持着俄罗斯人的生活习俗，家家户户院子里种满花草，屋子里挂着精美的俄式壁毯，主食是大列巴和奶油，菜肴是鱼子酱和罗宋汤。（3）他们信奉东正教，他们性格很豪爽。（4）俄罗斯族大妈清一色的富态体型，标准的俄罗斯妇女打扮，随时能为我们唱"喀秋莎"，随地就可以跳起头巾舞。

【最高的诗意】

1.生态，才是永恒的良性经济；创新，才有不竭的发展动力。滨海新区拥有水面、湿地700多平方公里，共有两个自然保护区：天津古海岸与湿地国家级自然保护区、天津市北大港湿地自然保护区。良好的生态环境与创新的活力机制，成为滨海新区招徕国内外大机构、大企业落户的金字招牌。

2.（1）国家海洋博物馆，它是中国唯一的综合性海洋博物馆。（2）航母主题公园是北方唯一的航母主题公园，以"基辅"号航母旅游资源为主体，以娱乐性军事活动为主题，将娱乐活动与国防教育相结合。（3）滨海新区公共图书馆，造型是一只美丽的大眼睛，充满浪漫感；顶部采用梯田式拱顶，充满曲线感；台阶式书架层层叠叠如碧波荡漾，让人好似置身于"知识的海洋"，充满未来感。

【一条河，一座城】

1.（1）宽阔笔直的观光长廊上，处处树木苍翠、绿草如茵、繁花似锦，有华美女高音在河畔飞翔，那是发自内心的盛世欢歌。

（2）黄河风情线以百年黄河铁桥为中轴。这座雄伟的大桥，是黄河上第一座桥梁，它结束了兰州人用羊皮筏子横渡黄河的历史，在中国桥梁建筑史上占有独特的地位。1942年，为纪念孙中山先生，"天下黄河第一桥"改名为"中山桥"。百年回眸，这座黄河铁桥已成为兰州的建筑标本，成为兰州人心底的"情感徽标"，承载着近代兰州城市文明之魂和工业文明之光。

2.西汉武帝时期，兰州金城关，不仅是金城四大渡口之一，也是中西交通大道上的重要关隘，贩夫走卒、丝路商贾、驿吏僧侣在此穿梭奔走、川流不息，"少年战神"霍去病、"丝绸之路的开拓者"张骞都从这儿策马而过，后来，出塞和亲的"落雁"王昭君、西天取经历尽劫难的唐玄奘也在此渡河西去。

【古贝州之春】

1. 文人与酒，自古纠缠不清。王孝伯"痛饮酒，熟读《离骚》"，怀素酒醉泼墨，刘伶整日狂醉，李白"斗酒诗百篇"，孟浩然"且乐杯中酒"，柳永"疏狂图一醉"，苏轼"把酒问青天"，晏殊"一曲新词酒一杯"，辛弃疾"醉里挑灯看剑"，陶渊明"斗酒聚比邻"，岑参"斗酒相逢须醉倒"，秦观"为君沉醉又何妨"，黄公望"酒不醉，不能画"，欧阳修"颓乎其中"著《醉翁亭记》，刘禹锡"暂凭杯酒长精神"，唐伯虎"以花为邻以酒为友"，张素懿"有酒学仙无酒学佛"，蒲松龄"名士由来能痛饮"，曹雪芹"酒渴如狂"，弘一法师出家前也还"一壶浊酒尽余欢"……真的是"古来圣贤皆寂寞，惟有饮者留其名"！

2.（1）语言优美。大量引用古人的诗词歌赋，使文章不仅表达流畅、形象，而且词藻华丽。（2）内容丰富。从古贝州悠久的历史写到杰出人才；由环绕古城的运河写到贝州的美酒；由美酒写到酒和人们的密切关系……（3）形散神不散。作者无论写什么都围绕对古贝州的深厚感情来描写。

3. 作者从荒诞的前世今生的说法入笔，使文章亦真亦幻，引人入胜。从古贝州的建城写起，写出古贝州的悠久历史和历代的杰出人才；由环绕武城的运河写到贝州的美酒，又由美酒写到酒的兴衰史以及中国博大精深的酒文化；由酒又写到蒙古族男人的歌和古人的诗词歌赋；继而延伸到美酒的发明和古人喝酒的状态；又由人及己，写自己由开始的拒不喝酒到舍命陪君子。最后感慨贝州的新的生机。

【历史深处的泾川】

1. 本文通过对泾川西王母文化与佛教文化的描写表明了泾川民族文化的博大精深，丝绸之路上的重要地位，以及佛道共融、万法归宗的民间信仰。

2. 来历："镇海之碑"是元世祖忽必烈的圣旨碑，碑文用八思巴文镌刻，是极为罕见的八思巴文元碑珍品。该碑原立于城关镇水泉寺村水泉寺。元代水泉寺的名称是"华严海印水泉禅寺"。内容：圣旨碑碑头阳刻"镇海之碑"字样，意即借此圣旨镇抚华严海印水泉禅寺，正面阴刻八思巴文碑文，大意为：忽必烈为泾川华严海印水泉禅寺颁旨，诏令皇室、地方官员、使臣、军人保护该寺，不要侵犯僧人的寺院、房舍、马匹、水土、碾磨等，同时要求和尚不要依仗圣旨做越轨的事情。意义：庄重古朴的镇海之碑，是中国历史上蒙、藏、回、汉等民族大团结的真实见证，也是忽必烈维护和平和宗教信仰自由的真实见证。

第四辑 大好合山

【隐匿的王城（节选）】

1.B

解析：本题考查学生对文本思想内容和艺术特色的分析和鉴赏的能力。解答时，要明确题干要求，浏览每个选项，回到原文中去，结合上下文具体内容进行分析概括。"为了战争的需要"概括不全，结合"这是一座完备的军事防城，是整个东亚地区史前最完善的城防体系，说明四千多年前此地战事频仍、政治格局复杂"分析，还有政治格局的需要等。故选B。

2.A处，紧承上一个自然段所问作答，多种推测聚集，起到了体现石峁古城之古老和神秘莫测的作用。B处，突出了对"黄帝之墟"一说的赞美之情，有节奏感，显得感情洋溢、气势更加强烈。C处，从三个维度赞美石峁古城这份文明古迹，彰显其史诗般的历史价值，为石峁文明能登上人类文明史的世界舞台张本。

解析：本题考查学生理解语句内容，分析文章重要语句的作用的能力。解答时要联系前后文分析作用。A处，是承接上文"是哪位盖世英豪建造起这座宏伟都城？是谁站在庄严的皇城台上号令天下"来说的，是对上文问题的回答。列举了四个"它是"，这些都是众人的推测，体现出推测结果的多样性，根据这些不同的观点分析，写出了这座石峁古城的神秘莫测，突出其古老的特点。B处，前面说"著名历史学家提出的'黄帝之墟'一说"，此处是很多人愿意相信的内容，写出了对"黄帝之墟"一说的肯定。用"众星拱月""气势恢宏""巅峰"等词语，表达对"黄帝之墟"一说的赞美之情。且连用三个"这座"来写，句式整齐，富有节奏感，突出气势。C处，前面的主语为"石峁古城"，语句是说这座存续了三百多年的古城留给我们的影响。"一座隐匿的废都、一个王朝的背影、一部上古的史诗"是从三个不同的维度来写的，先是直接写古城，然后上升到王朝，最后升格到一段历史，赞美这份文明古迹，凸显出这座古城在历史中的作用，彰显其历史价值。为后文"石峁文明能登上人类文明史的世界舞台吗"张本。

3.①它是中国乃至东亚最大史前古城。②它可能就是"黄帝之墟"。③它是"长城以北列祖列宗"观点的有力的明证，拓宽了中华历史文明研究的视野。

解析：本题考查学生理解文章内容，筛选并概括文中信息的能力。答题时要锁定答题区间，进行分析整合。结合"石城的核心区域是外城、内城和'皇城台'。这是一项超级工程，后来被确认为迄今'中国乃至东亚最大史前古城'"分析，石峁古城被确认为迄今中国乃至东亚最大史前古城。结合"每一个可能性的背后，又有多个其他的推测或疑虑冒出来。著名历史学家提出的'黄帝之墟'一说，最引人注目，最令人兴奋"分析，石峁古城可能就是"黄帝之墟"，著名历史学家提出这一推测。结合"现代考古学家李济六十年前也排众而出，提出'长城以北列祖列宗'的观点并敦促同行：'我们应当用我们的眼睛，用我们的腿，到长城以北去找中国古代史的资料，那里有我们更老的老家'""过去相当长一段时期里，人们被长城遮挡了视野""早在20世纪初，人类学家就在英金河畔的红山上嗅到了远古文明的气息"等分析，石峁古城有力佐证了"长城以北列祖列宗"的观点，突破了视野的遮挡，到长城以北去找中国古代史的资料。

【墩仔寨】

1. 本文通过对客家"围龙屋"建筑的奇、特的极致描写，表达了作者对客家人聪明智慧的赞美；感叹了大自然的神奇，表达了作者对大自然的热爱。

2. ①造型之奇独一无二。②门槛之特举世无双。③布局之巧妙犹如迷宫。④健步如飞的阿公。⑤永不干涸、永不渗出的古井。⑥站在后山俯瞰如大龟的外形。⑦寿星特别多。⑧获评"广东十大特色古村落"。

【越王山下】

1. ①说明越王山昔日的繁华。②反衬赵佗对后世的影响之大。③赞扬古代人民的聪明智慧。④对祖国的大好河山表达爱慕之情。

2. 纳贤举能，开疆拓土，凿山筑道，开渠通航，打通岭南与中原的交通脉络，大力发展内河航运与海上贸易，引进中原先进生产工具，积极推广中原汉文化。

3. ①赞扬文化精英的牺牲精神、远见卓识和中国共产党对爱国人士文化名人的重视。②赞扬龙川人民不畏牺牲、一心为国的精神。③感叹来之不易的幸福生活。

【大好合山】

1. 马安奇石包括彩陶石、壮锦石、化石等10多种。特点：色彩斑斓、石质上佳、形神皆备，无须打磨、雕琢、粉饰，是妙境天成的艺术品，具有很高的鉴赏及收藏价值。

2. 一是合山奇石，二是丰富的煤矿资源。合山百姓靠山吃山，靠水吃水，靠着合山盛产的奇石发展了赏石产业链；丰富的煤矿资源也给当地的老百姓带来了丰厚的收入，把废弃的矿洞、运煤车、铁轨发展成了旅游资源。

3. ①作者对聪明智慧的合山人民的赞叹和敬佩之情。②"骑行自行车"带给游客的放松和快乐。③作者对祖国大好河山和美好生活的热爱。

【南澳漫笔】

1. 作者通过描写南澳岛迷人的自然风光与悠久的历史遗存，表达作者对南澳的喜爱之情；通过描写南澳与台湾的密切关系以及郑氏父子对台湾的贡献，表明了自己希望民族团结的愿望以及台湾是我国不可分割的一部分。

2. 增加南澳的神秘感，使人们更加向往；使文章更加富有趣味性，吸引读者的兴趣。

【从文天祥到彭湃】

1.《过零丁洋》是宋代大臣文天祥在1279年经过零丁洋时所作的诗作。此诗前二句，诗人回顾平生；中间四句紧承"干戈寥落"，明确表达了作者对当前局势的认识；末二句是作者对自身命运的一种毫不犹豫的选择。全诗表现了慷慨激昂的爱国热情和视死如归的高风亮节，以及舍生取义的人生观，表现了诗人忧国之痛和愿意以死明志、为国捐躯的豪情壮志。是中华民族传统美德的崇高表现。

2. 彭湃是中共早期著名的农民运动领袖，是海陆丰农民运动的核心和灵魂人物，为海陆丰农民运动作出了重大贡献。彭湃客观、深入地阐述了农民问题，形成了切合实际、内容丰富的农民运动思想，为海陆丰农民运动奠定了理论基础；采取多种方式宣传教育农民，启发农民的阶级觉悟，为海陆丰农民运动提供了丰富多样且接地气的宣教形式；以农会为载体，将农民组织起来，为海陆丰农民运动提供了组织保障；创建革命根据地，建立苏维埃政权，实行土地革命，为海陆丰农民运动确立了奋斗目标。

3.今天我们缅怀先烈，就要以先烈为榜样，像先烈们一样胸怀天下、忠于理想。虽然我们没有经受血与火的洗礼，但我们也要铭记今天的和平安宁的幸福生活是无数革命先烈用热血和生命换来的，我们应当加倍珍惜，我们应该学习文天祥、彭湃舍己为人、不屈不挠的精神，不要只追求自己的一己私欲，要放眼国家大环境，不畏艰辛，兢兢业业，为祖国的繁荣大业贡献自己的力量。

第五辑　花开毕节

【永远的丰碑】

1.B

解析: B项,"对中央苏区有启示作用"于文无据,原文说方志敏"领导创建全国六大革命根据地之一的浙皖赣革命根据地,被毛泽东誉为'方志敏式的根据地'"。故选B。

2.B

解析: "现场所有人"说法绝对化。故选B。

3.①方志敏具有崇高的革命信仰,他坚决执行中央指示,为革命事业甘愿抛弃生命,视死如归。②方志敏品性高洁,他坚守清贫本色,勇于反思自己,为接应后续部队重返敌人的包围圈。③方志敏眼光高远,见识不凡,他创造性地开展革命工作,建立了伟大的革命功勋。④方志敏集坚定的意志和高尚的情操于一身,他才华出众,富有理想主义精神和浪漫主义气质,在诸多领域都取得了卓越的成就。

解析: "峻拔""明净""高远""坚润"主要是形容方志敏的美好品质,考生分析此句需要结合文本概括方志敏的各种美好品质,并结合事例进行简要分析。①方志敏具有崇高的革命信仰,"为了信仰——共产主义信仰,他毅然决然踏上'革命'这条九死一生的道路",他坚决执行中央指示,"1934年,为宣传中国共产党的抗日主张,推动全民族抗日救亡运动,策应中央主力红军战略大转移,病痛在身的方志敏临危受命,出任中国工农红军北上抗日先遣队总司令,去开辟新苏区并迫使国民党变更战略部署"，方志敏为革命事业甘愿抛弃生命，视死如归，"党要我们做什么事，虽死不辞"。②方志敏品性高洁，他写下"心有三爱奇书骏马佳山水，园栽四物青松翠竹洁梅兰"对联以自勉，他坚守清贫本色，"敌人怎么也不肯相信，这个闽浙皖赣苏维埃政府主席兼财政部长，全部财产只有两套旧褂裤和几双线袜"，他勇于反思自己，"他在深切怀念战友的同时，不断反省自己的过失，主动承担战争失利的责任，不时沉痛严苛自责"，为接应后续部队重返敌人的包围圈，"本来已经突围的他，认为'在责任上我不能先走'，非要亲自接应后续部队"。③方志敏眼光高远，见识不凡，他创造性地开展革命工作，方志敏在横峰县葛源镇把马克思主义与赣东北实际相结合，创造出一整套建党、建军和建立红色政权的经验，他建立了伟大的革命功勋。④总之，方志敏集坚定的意志和高尚的情操于一身，出众的文学艺术才华，加上理想主义精神、浪漫主义气质，使他气度超群卓尔不凡，在诸多领域都取得了卓越的成就。

【花开毕节】

1. 本文通过对毕节各种花的描写，表达了作者对花的喜爱以及对美好生活的向往。

2. 作者借用古人的诗句将各种鲜花的美丽形态描写得淋漓尽致。也说明了自古至今文人墨客都喜爱鲜花，热爱生活。

3. 作者先描写了绵延100多平方公里的杜鹃花；又描写了姹紫嫣红、形态各异的桃花、梨花、茶花、海棠等；接着描写了浓烈鲜黄的油菜花、形似"白鸽飞天"的"鸽子花"、素洁脱俗的玉梅花、果实如红玛瑙的樱桃花、红艳艳的玫瑰花、美轮美奂的野韭菜花。通过对一系列鲜花的描绘，表达了作者对美好生活的热爱。

【尼阿多天梯】

1.哈尼梯田，是地球上最壮观的梯田，是华夏神州最壮丽的梯田，是独具一格的全国重点文物保护单位；迄今为止，是世界上唯一一处活态文化遗产，是唯一以民族命名的世界文化遗产，是唯一以农耕文化为内容的世界文化遗产。

2.本文通过对哈尼梯田的旷世美景的描绘，赞扬了哈尼族人民的聪明、智慧和勤劳，表达了作者对哈尼梯田的热爱和赞美。

3.（1）语言优美。（2）短小精悍。

【神农架】

1.通过对四大垭的描写，更加具体地描绘了神农架的神秘莫测，使神农架更具神秘色彩，更加引人入胜，使文章趣味十足，引起读者的阅读兴趣。赞美了祖国的大好河山，突出对祖国山河的热爱之情。

2.夺人心魄的自然风光、万古洪荒的殊样景观、星罗棋布的历史遗迹、奇特瑰丽的文化遗存，在神农架合为一体，集为大成。

3.神农架成为"联合国人与生物圈"保护区，被美国国家地理杂志推荐为"人一辈子不得不去的地方"，被《环球游报》等国内媒体及外国驻华使节评选为"中国最值得外国人去的50个地方"之一。

【黑竹沟】

1.（1）说明黑竹沟对国家的重大贡献。（2）表明大自然的奇特。（3）让人类感谢自然、保护自然。（4）表达对祖国大好河山的热爱。（5）表明我国地大物博，物产丰富。

2.（1）形散神不散。尽管作者描绘了黑竹沟的动植物、气候、山峰、特产等许多内容，但都是围绕黑竹沟的奇特来写的。（2）语言诙谐幽默，采用排比、引用、夸张、比喻、列举、拟人、对比等修辞手法。（3）内容丰富。描写了黑竹沟的特产、山峰、动植物等。

3. 因为黑竹沟里有各种各样古老的奇花异草和珍稀动物。

【在美丽的黔南】

1. 本文通过对金州和镇远的地质特点、风土人情、自然景色以及建筑风格的描绘表达了对这两个地方的赞美，也赞扬了当地人民的聪明和智慧。

2. 通过引用历代名人对镇远的赞美，从侧面说明了镇远风景优美，令人流连忘返，也说明这里自古以来就是名胜，吸引很多文人墨客吟咏赞美。

― 中高考热点作家 ―

中考热点作家

序　号	作　者	作　品
1	蒋建伟	水墨色的麦浪
2	刘成章	安塞腰鼓
3	彭　程	招　手
4	秦　岭	从时光里归来
5	沈俊峰	让时光朴素
6	杜卫东	明天不封阳台
7	王若冰	山水课
8	杨文丰	自然课堂——科学视角与绿色之美
9	张行健	阳光切入麦穗
10	张庆和	峭壁上，那棵酸枣树

高考热点作家

序　号	作　者	作　品
1	王剑冰	绝版的周庄
2	高亚平	躲在季节里的村庄
3	乔忠延	春色第一枝
4	王必胜	写好你心中的风景
5	薛林荣	西魏的微笑
6	杨海蒂	北面山河
7	杨献平	人生如梦，有爱同行
8	朱　鸿	辋川尚静